DÍOLAIM
D'ABAIRTÍ DÚCHASACHA

MAOLMHAODHÓG Ó RUAIRC

AN GÚM

BAILE ÁTHA CLIATH

An Chéad Chló 1996

ISBN 1-85791 - 160 - 1

Clúdach: C. Ó Marcaigh

Arna chlóchur ag Computertype Tta, Baile Átha Cliath
Arna chlóbhualadh in Éirinn ag Leabhair Dhaite Tta

Le ceannach díreach ó
Oifig Dhíolta Foilseachán Rialtais,
Sráid Theach Laighean,
Baile Átha Cliath 2.

Nó tríd an bpost ó
Rannóg na bhFoilseachán,
Oifig an tSoláthair,
4-5 Bóthar Fhearchair,
Baile Átha Cliath 2

nó ó dhíoltóirí leabhar

An Gúm, 44 Sráid Uí Chonaill, Uachtarach, Baile Átha Cliath 1.

Focal don Léitheoir

Ní fearr cur síos ar an saothar seo ná an méid a scríobh Lambert McKenna sa réamhrá dá *English Irish Phrase Dictionary* (1911): "...meant as a hand stretched out to the thousands of students, young and old, who are nobly striving to right the wrong done them by the past, and to recover the language of their forefathers".

Ní foclóir é, áfach, agus ní mór eolas áirithe ar an nGaeilge agus ciall éigin do ghnáthúsáid foclóra a bheith agat chun leas iomlán a bhaint as. Is iarracht é cuid de shaibhreas friotail na Gaeilge mar atá sé breactha síos cheana in *Foclóir Gaeilge-Béarla* (FGB) Néill Uí Dhónaill a aisghabháil agus a chur ar fáil don té a tógadh le Béarla.

Toisc go bhfuil mórchuid na n-iontrálacha le fáil in FGB is é a leagan Béarla siúd a úsáidtear mar ghnáthaistriúchán. Abairtí meafaracha is mó atá sa díolaim seo, abairtí nach féidir a aistriú go liteartha ón mBéarla toisc go bhfuil a cur chuige sainiúil féin ag an nGaeilge. Is iarracht é mar sin cuid de na habairtí dúchasacha a bhfuil meirg ag teacht orthu a chur ar ais i gcúrsaíocht.

Modh eagarthóireachta an-simplí a ceapadh, agus sin d'aon turas chun aimsiú na habairte a dhéanamh chomh neamhchasta agus is féidir. Tá córas crostagairtí ann chun a chinntiú go dtiocfar ar an abairt cheart Gaeilge má tá cuid ar bith den abairt Bhéarla agat. Mar shampla, tá an abairt "it cost me an all-out effort" le fáil faoi **ALL-OUT** agus crostagairtí di faoi **COST** agus faoi **EFFORT**. An tagairt: **COST** see **ALL-OUT (effort)**, ciallaíonn sé go bhfuil an abairt le fáil ach amharc faoi **ALL-OUT** agus ansin faoin bhfo-cheannteideal **EFFORT**.

Tá mórán de chríonnacht agus de ghontacht na Gaeilge caillte toisc go bhfuil meon leithleach na Gaeilge ar chora uile an tsaoil ag imeacht uainn. Agus ó tharla forlámhas an Bhéarla chomh cuimsitheach sin, is baolach go gcuirfear abairtí meafaracha Béarla faoi bhréagriocht na Gaeilge féin in ionad abairtí atá sa Ghaeilge cheana. Chloisfeá in amanna duine ag caint faoi chailín a bheith "gléasta chun na naonna", abairt nach dtuigfí gan eolas ar an mBéarla, nuair a d'fhéadfaí "gléasta go barr na méar" a rá.

Tá abairtí ann mar "the boots/clothes/look gave him away", "I'd know him anywhere", nó "face up to the troublemaker and he'll leave you in peace," agus gan iad rómheafarach ar chor ar bith, i gcosúlacht. D'fhéadfaí iad a aistriú, dar leat, gan stró. Bain triail as agus déan comparáid idir do leagan féin agus an leagan atá anseo.

B'fhiú an chríonnacht dhúchasach sin a chur ar ais sa litríocht chruthaitheach, san iriseoireacht, san aistriúchán agus san fhilíocht féin. Is féidir a leithéid a dhéanamh d'aon turas, ach scríbhneoirí na seoda gleoite seo a chur ina n-orlaí trí scáinteacht a gcuid próis. Tá an abairt a thit i léig ag filleadh i ngach teanga in aghaidh an lae faoi bhrú an ghnáthaimh. Níl aon chúis nach bhféadfaí an forás céanna a spreagadh i gcás na Gaeilge.

Tá fairsingiú as cuimse á dhéanamh le tamall de bhlianta anuas ar stór focal teicniúil na Gaeilge ionas go bhfuil an Ghaeilge anois in ann chuig gnéithe uile na nua-aoise. Ní bhíonn i gceist leis sin go minic ach focal/téarma Gaeilge a cheapadh a fhreagraíonn go cruinn don fhocal/téarma Béarla. Ach le hais na coibhéise sin, tá airíonna ar leith ar cuid dhílis de gach teanga iad nach mbaineann le nithe praiticiúla ach leis an Saol (le 's' mór). Ba mhór an trua mura dtiocfadh comhréir na Gaeilge gona hairíonna sainiúla aniar chomh láidir céanna ar aon uair, óir ba theanga lagspreosach an teanga theicniúil sin amháin, dá nua-aoisí í.

Is é mo ghuí go dtabharfaidh an díolaim seo aiseag beatha do na ciútaí cainte Gaeilge atá ag fuarú le fada agus go ligfear i léig sceanairt an Bhéarla atá ag feidhmiú faoi bhréagriocht na Gaeilge. Tá uaisleacht agus críonnacht agus filíocht féin sa Ghaeilge ach í a shaothrú i gceart. As an obair agus an cleachtadh a thagann an fhoghlaim.

Tá mé an-bhuíoch de Chaoimhín Ó Marcaigh a d'aithin an saothar seo sa amhábhar a cuireadh faoina bhráid agus de Mháire Nic Mhaoláin a rinne an téacs a ullmhú don chló agus a chuir go mór le soiléireacht agus soléiteacht an ábhair. Mise amháin atá ciontach le pé éalanga atá fós air.

M. Ó Ruairc, *15 Deireadh Fómhair 1995*

Noda

a   adjective
adv   adverb
s   substantive
s.a.   see also
vb   verb

Do mo mháthair,
Caitríona Ní Chianáin,
a fuair bás agus an saothar seo ag dul i gcló

A

ABACK take: he was taken aback, *baineadh siar/spailleadh as; fuair sé braic*

ABIDE truth: to abide by the truth, *siúl ar an bhfírinne*

ABLE claim: he's well able to claim his share, *tá iarraidh a choda ann*
  for: he's well able for them, *tá dul aige orthu*
  manage: a woman who is well able to manage, *bean a bhfuil tábhacht inti*
  say: you're well able to say it to him yourself, *tá fad na teanga ort féin lena rá leis*
  show: to be able to show yourself to advantage, *do chur amach féin a bheith ionat*
  stand: he was scarcely able to stand, *is dona a bhí sé in ann seasamh/bhí sé ag titim as a sheasamh*
  he's able to stand up for himself, *tá seasamh a choda ann*
  sustain: he's able to sustain himself, *tá greim a bhéil aige*
  tell: he was well able to tell a story, *ba mhaith an sás scéil a insint é*
  work: he's well able to work, *tá sracadh maith oibre ann*
  he's well able for his work, *tá sé os cionn a bhuille*
  s.a. **BEAR (cold), GIVE (help), HOLD (own), MEET (ends), SERVICE (return), STAND (on)**

ABOUT see **INTERRUPT (speak), PARTICULAR, WILD (run)**

ABROAD the story got abroad, *d'éirigh an scéal amach/rinneadh iomlua an scéil/cuireadh iomrá leis an scéal*

ABUSE he abused me, *d'éirigh sé sa bhéal orm; thug sé aghaidh a chaoraíochta/a chraois orm*
  dog: he gave me dog's abuse, *thug sé íde na muc is na madraí dom*
  opportunity: don't give him an opportunity of abusing you, *ná tarraing a theanga ort*
  sadly: he was sadly abused, *fuair sé íospairt bhocht*

ACCEPT fate: they accepted their fate, *ghabh siad leor lena gcinniúint*
  insolence: to accept insolence from someone, *bheith faoi shotal do dhuine*

responsibilty: don't accept responsibility for it, *ná lig an cúram sin ort*
  warning: they didn't accept the warning, *níor ghéill siad don rabhadh*
  wish: they accepted each other's wishes, *chuir siad a dtoil le toil a chéile*
  s.a. **BARGAIN (bad)**

ACCIDENT see **MEET**

ACCOMMODATE easy: he's easily accommodated, *is furasta a leaba a chóiriú*

ACCOST to accost someone, *bleid a bhualadh ar dhuine; caidéis/caint/canúint/ceiliúr/siúite/spéic/spraic a chur ar dhuine*
  s.a. **LOITER**

ACCOUNT s. desist: don't desist on my account, *ná coigil mise*
  no: they are of no account any more, *d'imigh siad as maíomh*
  I take no account of it, *ní chuirim i bhfáth é*
  turn: he tries to turn everything to account, *dhéanfadh sé fíon as uisce na gcos*
  work: working on his own account, *ag obair ar chion a láimhe féin*
  vb. **taste**: there's no accounting for tastes, *beatha (do) dhuine a thoil*
  s.a. **CALL**

ACCUSTOMED see **LIVING**

ACE see **LEAD**[1]**, WITHIN**

ACHIEVE see **SUCCESS**

ACQUAINTANCE quarrel: they quarrelled on first acquaintance, *chuir siad aithne na mbó maol ar a chéile*
  s.a. **MAKE**

ACRIMONIOUS see **SAY (anything)**

ACROSS see **CUT, PUT**

ACT vb. **advice**: you acted on good advice, *rinne tú comhairle do leasa*
  fair: he acted fairly towards me, *rinne sé an chóir liom*
  maniac: he was acting like a maniac, *cheanglófaí fear ab fhearr ciall ná é*
  surreptitious: acting surreptitiously, *ag ganfhiosaíocht*
  treacherous: you acted treacherously towards me, *rinne tú go dubh orm*
  s.**catch**: they were caught in the act, *rugadh san éacht/san ócáid orthu*

1

sordid: it is a sordid act, *is caillte an beart é*

s.a. **INTEREST (own)**, **MERCY**, **UNFRIENDLY**

ACTION ready: he is ready for action, *tá an úim is an tslinn aige*

talk: great talk and little action, *gothaí móra agus buillí beaga/focal mór agus droch-chur leis*

word: actions speak louder than words, *ní briathar a dhearbhaíonn ach gníomh*

s.a. **SET**

ADAMANT he is adamant, *ní bhogfadh seacht gcatha na Féinne é*

ADD see **GOOD (measure)**, **MILK**

ADDRESS see **REMARK (cutting)**

ADROIT see **HANDLE**

ADVANCE vb. **year**: before he advanced in years, *sular tháinig iomad dá aois*

s. **notify**: he notified his coming in advance, *chuir sé focal roimhe go raibh sé ag teacht*

tell: you'd think he could tell in advance, *shílfeá gur fios a bhí aige*

ADVANTAGE daylight: to do something with the advantage of daylight, *rud a dhéanamh le cumhacht an lae*

dear: it is a dearly bought advantage, *ní saill gan fiacha é*

disadvantage: the advantages might not outweigh the disadvantages, *b'fhéidir nár mhó an só ná an t-anró*

gain: neither has gained the advantage, *tá sé ina aon marbh eatarthu*
to gain advantage over someone, *iomarca a bhreith/a ghabháil ó dhuine; an ceann is fearr a fháil ar dhuine*

keep: to keep the advantage over him, *fanacht san ard air*

material: it is of no material advantage to me, *ní dada ar mo phláta é*

take: to take advantage of someone, *suí i mbun duine/teacht i dtír ar dhuine*
he was eager to take advantage of the good weather, *shantaigh sé an aimsir mhaith*

turn: to turn something to advantage, *rud a chur chun deise duit féin*

use: don't say anything they might use to their advantage, *ná lig dóibh brabach a fháil ar do chuid cainte*

s.a. **ABLE (show)**

ADVICE see **ACT**

AFFAIR discuss: they have to discuss everybody's affairs, *tá an saol le meilt acu*

handle: you'd think he was handling the affairs of the world, *shílfeá go raibh Éire ghlas idir a dhá lámh*

inquire: he was inquiring about our affairs, *bhí sé ag cur cúinsí orainn*

interfere: to interfere in family affairs, *dul idir an craiceann is an dair*

lead: what will these affairs lead to? *cén éifeacht a bhainfear as na cúrsaí seo?*

manage: he manages his affairs well, *is fearastúil an duine é*

persevering: persevering in his affairs, *cónaitheach chun a ghnóthaí*

remiss: don't be remiss in your affairs, *ná bí fuar i do ghnóthaí*

s.a. **ORDER (proper)**

AFFECT bad: it affected him badly, *chuaigh sé go dona/go holc dó*

begin: the drink was beginning to affect him, *bhí an deoch ag boirbeáil chuige*

innermost: it affected him to his innermost being, *chuaigh sé (ó chnámh go smior agus) ó smior go smúsach ann*

music: the music affected him, *bhog an ceol é*

walk: the walk affected him, *chuir an siúl air*

AFFINITY to have a natural affinity with someone, *dúchas a bheith agat le duine*

AFFLICTED torment: it's easy to torment the afflicted, *is furasta forbairt/goilleadh ar cheann carrach*

AFFLICTION common: his is a common affliction, *is iomaí duine ar a aicíd*

AFOOT early: aren't you early afoot? *nach moch atá tú inmhustair?*

mischief: there's mischief afoot, *tá an diabhal gnóthach*

AFTER see **CALL**, **LOOK**, **RUN**, **TAKE**

AFTERNOON see **LATE**

AGAINST see **COME**, **HOLD**, **ORDER**, **WILL**

AGE for: for ages to come, *le saol na bhfear*
for ages, *leis na himpireacha*

inactive: old age left me inactive, *ghabh an chríne m'iomlua*

marriageable: his children are approaching marriageable age, *tá a chlann i mbrollach a bpósta*

remote: in remote ages, *sna cianta cairbreacha*
s.a. **DIFFERENCE, GOOD, LIVE, TAKE**
AGGRESSOR see **CONSEQUENCE**
AGOG see **SET**
AGONY suffer: to suffer (untold) agonies, *na seacht mbás a fháil (le pianta)*
  I suffered agonies last night with toothache, *chéas mé an oíche aréir leis an déideadh*
AGREE the food doesn't agree with him, *ní fheileann an bia dó*
  he agreed with me on the matter, *mhol sé liom ar an scéal*
  inclined: I'm inclined to agree with you, *ní déarfainn i do choinne*
  talk: to agree to talk things over, *teacht chun caidirne*
AGREEMENT see **ENTER (easy), SPOIL**
AHEAD see **PLAN**
AILMENT see **ESCAPE**
AIM see **BLOW**
AIMLESS he is rather aimless, *is beag críoch atá air*
  work: he is working aimlessly, *tá drochthreo air*
AIR see **BEAT, FEELING (snow), GIVE, PUT**
ALARM see **EASY**
ALERT he is on the alert, *tá focal na faire aige; tá sé ar a bhiorda/ar a chorr*
  always: he is always on the alert, *ní bhfaigheadh an diabhal aird air*
ALIKE both: they are both alike, *deartháir do Thadhg (riabhach) Dónall (crón/gránna); tháinig siad as an múnla céanna*
  people: people are all alike, *ní measa (duit) cách ná Conchúr*
  share: share and share alike, *a chuid agus a chomhroinn (a thabhairt) do gach aon duine*
  treat: he treats them all alike, *aon bhail amháin a thugann sé orthu uile/is ionann uasal agus íseal aige*
ALIVE barely: he is barely alive, *is ar éigean atá an díogarnach/an scriotharnach ann; níl ann ach an phuth; tá sé ann as*
  look: look alive, *beir beo ort féin/cuir anam ionat féin*
  well: he is alive and well, *tá sé dea-bheo/ina bheatha agus ina shláinte/ina dhea-bheatha*
  s.a. **CARE, SURE, TELL (tale)**

ALL see **ALIKE (people), ALONE (world), CARE, CONTINGENCY, KIND, LIFE, MEANS, PUT (strength), REQUIRE (strength), SAID (done), SET, TAKE (time), TALK, TIME, WRONG**
ALLAY hunger: to allay hunger/thirst, *ocras/tart a chosc*
ALLEGE everybody: everybody was alleged to have been there, *bhí a lán agus an gearrán bán ann*
ALL-OUT effort: it cost me an all-out effort, *chuir sé chun mo dhíchill mé*
  go: going all out *ag imeacht dólámh*
  they went all out against us, *chuaigh siad ar dolámhach linn*
ALLOW stay: he was allowed to stay for the night, *fuair sé a bheith istigh*
ALLY foreigner: they allied themselves with the foreigners, *d'iaigh siad leis na gaill*
ALONE leave: leave me alone, *ceil do cheiliúr orm/éirigh díom/glan as mo líonta/tóg díom*
  world: he was all alone in the world, *bhí sé ina uathadh agus ina aonar/gan duine gan daoine; ní raibh baistíoch aige ach é féin*
  s.a. **WANDER**
ALONG see **GET, PASS, PULL, SPEED, WALK, WANDER**
ALTERNATIVE worse: the alternative is even worse, *más olc maoil is measa mullach*
ALWAYS see **ALERT, ASK (about), LATE, QUARREL, RAIN, ROOM**
AMONG see **SETTLE**
AMOUNT see **JUST**
AMUSE child: let the children amuse themselves, *tabhair cead raide do na páistí*
AMUSEMENT source: it was a source of amusement to them, *bhí sé ina ábhar téamaí acu*
ANGER vb. what is angering him, *an rud atá ag cur/ag déanamh cancair air*
  s. **beside**: he was beside himself with anger, *bhí sé le cois/as a chraiceann*
  flash: his eyes flashed anger at me, *tháinig bior/coinnle ar a shúile liom (le fearg)*
  flush: his face is flushed with anger, *tá círín dearg air*
  frenzy: a frenzy of anger, *dásacht/cuthach feirge*

subside: wait till his anger subsides, *lig dó a fhearg a chloí*

vent: he vented his anger on them, *d'fhear sé a fhearg orthu*

s.a. **BURN**, **EASY**, **SUPPRESS**

ANGRY to get angry with someone, *dul chun anaitis le duine/borradh chuig duine*

he grew angry with me, *tháinig tórmach air chugam*

he grew angrier still, *tháinig farasbarr feirge air*

mood: he is in an angry mood, *tá cuil/(droch)ribe air*

s.a. **GET (hot)**

ANIMOSITY **stir up**: to stir up animosity, *do ladar a chur i meadar gan suaitheadh*

ANNOY (just) to annoy us, *mar choncas orainn*

don't annoy me about it, *ná bí liom mar gheall air*

he's annoyed about something today, *tá caincín éigin air inniu*

he became annoyed with me, *tháinig meirg air chugam*

keep: to keep annoying someone, *tine ghealáin a choinneáil le duine*

obstruction: annoying obstruction, *dris chosáin*

ANNOYANCE **petty**: I regard it merely as a petty annoyance, *ní mó liom é ná cáithnín faoi m'fhiacail*

ANSWER **back**: they're not diffident about answering each other back, *níl siad faoi shotal dá chéile*

take: don't take no for an answer from him, *ná glac eiteach uaidh*

s.a. **UNEXPECTED**

ANTICS **see**: you should have seen his antics, *dá bhfeicfeá an ealaín a bhí air*

s.a. **STOP (put)**

ANTIPATHY see **VIEW**

ANXIETY **constant**: they kept him in a constant state of anxiety, *choinnigh siad tine ar a phíopa aige*

source: it's becoming a source of anxiety to her, *tá sé ag teacht chun imní uirthi*

strain: without strain or anxiety, *gan mhasla gan bhraodar*

ANXIOUS he's not too anxious (to), *níl sé róstéigthe (chun)*

s.a. **GET (around)**

ANYBODY see **CLEAR**, **MATTER (no)**

ANYTHING **believe**: I wouldn't believe anything you say, *ní chreidfinn an lá (geal) uait*

he'd make you believe anything, *dhéanfadh sé nead i do chluas*

bet: I'll bet you anything (that), *bain an chluas (ón leiceann)/barr na cluaise díom (má/mura); cuirfidh mé do rogha geall leat (go)*

better: anything is better than working with bare hands, *is beag rud nach faide ná do lámh*

do: they will do anything for him, *tógfaidh siad ar a mbosa é*

eat: he'd eat anything, *d'íosfadh sé an mhálóid/an folcadh te/an gharbhach/an ceathrúsheisiún; tá coimpléasc capaill aige; tá mála mór le líonadh aige*

fashion: he can fashion anything, *níl ball deilbhithe nach ndéanfadh sé*

risk: I'd risk anything for it, *rachainn faoin roth chuige*

steal: he would steal anything, *ghoidfeadh sé an folcadh te/an chros den asal*

sure: as sure as anything, *ní dóichí an Cháisc a bheith ar an Domhnach; chomh cinnte is atá gob ar phréachán/púdar i nDoire/an Cháisc ar an Domhnach*

world: not for anything in the world, *dá bhfaighinn Éire (gan roinnt) (ní dhéanfainn é)*

s.a. **DO (have)**, **INTEREST**, **KIND**, **PART (with)**, **REASON (within)**, **SAY**

ANYWHERE **hear**: you could hear him anywhere, *chluinfeá sa domhan thoir é*

house: anywhere in the house, *faoi chreatlach/faoi chreataí an tí*

know: I'd know him anywhere, *d'aithneoinn a chraiceann ar tom/crann*

s.a. **SETTLE (down)**

APART **drift**: they drifted apart, *chuaigh siad i bhfán ar a chéile*

leg: don't sit with your legs apart like that, *ná bíodh an suí scartha sin ort*

take: to take something apart, *an meanach a bhaint as rud*

tear: we would be torn apart, *dhéanfaí spíontóga dínn*

my heart was nearly torn apart, *is beag nár mhionaigh mo chroí*

APE boy: the boy aping the man, *siúl an chait ag an bpuisín*

APPARENT reason: for no apparent reason, *as maoil do chonláin/de mhaoil na mainge/de mhaoil an bhaige*

APPEAL actions that don't appeal to us, *gníomhartha nach líth linn*
what doesn't appeal to the mind, *an rud nach ngealann an intinn*
it didn't appeal to me, *níor luigh m'intinn leis*

APPEAR control: they don't appear to be under any control, *níl cló stiúrtha ar bith orthu*
water: where the water is appearing, *an áit a bhfuil an t-uisce ag freagairt*
s.a. **SURFACE**

APPEARANCE belie: they belie their appearance, *tá siad féin is a gcosúlacht ag dul in aghaidh a chéile*
keep: keeping up appearances, *ag seasamh na honóra*
recognize: I don't recognize him by his appearance, *ní aithním a dheilbh*
spoil: don't spoil your appearance with it, *ná cuir mighnaoi ort féin leis*
suggest: his appearance would suggest he's not in good health, *dar leat ar a dhreach nach bhfuil an tsláinte aige*

APPEASE to appease someone, *cóiriú faoi dhuine*
try: trying to appease people, *ag ceannach na síochána*

APPRECIATE full: they have never been fully appreciated, *ní dheachaigh a luach riamh orthu*
joke: the poor man's jokes are seldom appreciated, *ní minic a bhíos bocht greannmhar*
little: a little is appreciated, *bíonn blas ar an mbeagán*
not: when he had money he didn't appreciate it, *nuair a bhí airgead aige níor altaigh sé é*

APPROACH confidence: I can approach him with some confidence, *tá teanntás éigin agam air*
s.a. **AGE (marriageable)**

ARGUE condescend: don't condescend to argue with him, *ná tabhair do chiall i gceann a chéille*
hot: they argued hotly with each other, *chuaigh siad i gcochall a chéile*

meaning: to argue out the meaning of something with someone, *rud a chonstruáil le duine*
stop: stop arguing, *cuir uait do phléid*

ARGUMENT start: to start an argument, *giorria a chur ina shuí/aighneas a chur (ar dhuine)*
subtle: he used the most subtle arguments to persuade me (that), *d'áitigh sé cúng caol orm (go)*
want: if you want an argument, *má tá fonn trasnála ort*
s.a. **GET (around), INTERFERE, LAST (word)**

ARM length: keep him at arm's length, *coinnigh fad do rí/ea do láimhe uait é*
take: take my arm, *cuir do lámh i m'ascaill/faoi m'ascaill*
s.a. **DANDLE, MUCH (carry)**

AROUND desolation: there was nothing but desolation around me, *ní raibh toirt fiaigh ná feannóige ar m'amharc*
s.a. **GET**

AROUSE see **EASY**

ARRAY see **FULL**

ARRIVE see **SAFE**

ASHAMED see **NOTHING, OUGHT**

ASIDE see **CAST**

ASK about: he is always asking about people, *is fiafraitheach an duine é*
bring: he asked me to bring him flour, *lig sé fios ar phlúr liom*
business: to ask someone about his business, *caidéis a chur ar dhuine*
come: nobody asked you to come, *níor chuir aon duine tiaradh ort*
for: nobody ever asks for them, *níl fiafraí siar ná aniar orthu*
get: he got what he asked for them, *fuair sé breith/rá a bhéil (féin) orthu*
learn: you must ask in order to learn, *ní bhfaighidh tú faisnéis mura ndéana tú fiafraí*
moon: asking for the moon, *ag fiach i ndiaidh na gealaí*
much: it's not much to ask of me, *is beag an dualgas orm é*
s.a. **DIRECTION**

ASLEEP see **SPRAWL**

ASPERSION see **CAST**

ASSEMBLE see **DIRECTION**

ASSERT unmistakeable: he asserted in unmistakeable terms to me that he was right, *chruthaigh sé go dubh is go bán orm go raibh an ceart aige*

ASSURANCE to get (positive) assurance of something, *diongbháil a fháil i rud*
to give someone a (firm) assurance of something, *daingean a thabhairt do dhuine le rud/saoradh a thabhairt do dhuine i rud*

ASTRAY see **INFLUENCE (evil)**, **LEAD**[1]

ATTACH if he attaches himself to that crowd, *má ghreamaíonn sé den dream sin*

ATTACK vb. **fist**: he attacked me with his fists, *ghabh sé de dhoirne orm*
  ready: to be ready to attack someone, *bheith foghtha chuig duine*
  set: they're all set to attack each other, *tá siad feistithe chun a chéile*
  vigorous: attacking each other vigorously, *ag gabháil dá chéile dólámhach*
  s. **bilious**: he had a bilious attack, *bhí glas-seile air*
  blistering: to make a blistering attack on someone, *léasacha a thógáil ar dhuine*
  cold: to get a bad attack of cold, *drochiarraidh de shlaghdán a fháil*
  indecent: he made an indecent attack on her, *thug sé drochiarraidh uirthi*

ATTEMPT vb. **interfere**: I wouldn't attempt to interfere with them, *ní thairgfinn drannadh leo*
  impossible: attempting the impossible, *ag baint na gcnoc*
  win: win or lose it shall be attempted, *beifear beirthe nó caillte leis*
  s. **fail**: I'll be there or fail in the attempt, *beidh mé ann nó is díom a rachaidh*
  good: you made a good attempt at it, *is leor duit mar a rinne tú é*
  make: to make an attempt at something, *feidhm a thabhairt ar rud*
  poor: it was a poor attempt on your part, *d'fhág sin díot é*
  stop: no attempt was made to stop them, *níor cuireadh lámh lena gcosc*
  succeed: we'll succeed or perish in the attempt, *titfidh sé linn nó titfimid leis*
  s.a. **COME (nothing)**

ATTEND business: he is attending to his business, *tá sé in éadan/i ndiaidh a ghnóthaí*
  lot: I have a lot to attend to, *tá mortabháil mhór orm*

many: he has many things to attend to, *is iomaí rud ag glaoch air*
s.a. **MOST (pressing)**

ATTENTION claim: there are many things claiming his attention, *is iomaí ócáid air*
  command: he's able to command attention, *tá sé de bhua aige go n-éistear leis*
  draw: he likes to draw attention to himself, *is maith leis é féin a chur i gceist*
  escape: it escaped my attention, *níor luigh m'intinn air*
  trying to escape attention, *ag dul i bpoill is i bprochóga*
  force: to force your attention on someone, *concas a bhrú ar dhuine*
  need: this work needs urgent attention, *tá an obair seo dlúsúil*
  everything needs proper attention, *níl rud ar bith gan a chóir féin*
  pay: pay attention to the story, *lig chugat an scéal*
  pay no attention to it, *cuir ceirín den neamhshuim leis/lig thar do chluasa é/ná féach do na gnóthaí sin/déan neamhiontas de/ná cuir aon nath ann*
  son: the son gets all the attention, *an gruth do Thadhg agus an meadhg do na cailíní*

ATTRACT notice: she attracts notice, *tá tarraingt súl inti*
  woman: he attracted women wherever he went, *ba é an scáthán ban ar aonach é*

AVARICE see **FULL**, **PERSONIFY**

AVERSE to be averse to doing something, *dochma a bheith ort rud a dhéanamh*
  company: morose and averse to company, *go dubhach diúltach*
  drop: she is not averse to a drop of wine, *níl locht aici ar bhraon fíona/ní dhiúltódh sí braon fíona*

AVERSION he took an aversion to it, *thóg sé gnás roimhe/ghlac sé col leis*
  pet: it is his pet aversion, *is é púca na n-adharc aige é*

AVOID see **BLAME**, **CENSURE**, **COMMIT**

AWAIT see **CONVENIENCE**

AWAY babble: she keeps babbling away all the time, *tá an tuile shí as a béal ar fad*

carry: don't let yourself get carried away, *ná bí ag rith leat féin mar sin*

chatter: they are chattering away (among themselves), *tá siad ag seinm leo/tá giob geab acu (eatarthu féin)*

do: to do away with something, *cos i bpoll a chur le rud*
he did away with the money, *chuir sé ceal san airgead*
s.a. **COME, DRAG, EDGE, FRITTER, GET, GIVE, IMPATIENT, KEEP, RUN, SLIP, SPEED, SUN (face), TAKE, WASTE, WEAR, WELCOME (back), WHILE, WORK**

AWKWARD day: he picked a most awkward day to come, *tháinig sé an lá corr cointinneach*

AWRY everything has gone awry with him, *tá an ghaoth anoir is an fhearthainn aniar air*
his health has gone awry, *tá leathcheann ar a shláinte*

B

BABBLE see **AWAY**

BABY see **HOLD**

BACK s. **beyond**: they live at the back of beyond, *tá siad ina gcónaí ar an iargúil/i mbaile i bhfad siar/ar chúl éaga*

break: we have broken the back of the work, *tá an obair brúite againn*

burden: God fitted the back for the burden, *chrom Dia an droim don ualach*

adv. **fall**: he has something to fall back on, *tá cúl láimhe aige/tá teann ar a chúl aige*

vb. **out**: he backed out of it, *chuaigh sé ar a thóin ann*
backing out of the work, *ag ceiliúradh ón obair*
s.a. **ANSWER, BEND, EASE, FIRE (stand), FORTH, HOLD, KEEP, SET, STRAIGHTEN, TALK (behind), TURN, WALL, WELCOME**

BACKBITE: backbiting people, *ag ithe na feola fuaire*
s.a. **CHANCE (give)**

BACKSTAIRS see **INFLUENCE**

BAD other: one is as bad as the other, *dearthfáir do Thadhg (riabhach) Dónall (crón/gránna); tá an bheirt acu inchurtha le chéile*

worse: to go from bad to worse, *dul ó mhaoil go mullach/ó ghiolla na sliogán go giolla na mbairneach*
s.a. **AFFECT, ATTACK (cold), BARGAIN, CESS, END, FALL, HABIT, JOB, LET (down), LOT, MOOD, NOTHING (say), OMEN, QUALITY, SHAPE, WAY**

BAIL see **JUMP**

BAMBOOZLE trying to bamboozle people, *ag cur madraí i bhfuinneoga*

BANE see **LIFE**

BAR shouting: it's all over bar the shouting, *tá sé réidh ach a rácáil*

way: the wall barred our way, *cheap an balla sinn*

BARE see **ALIVE, BONE**

BARGAIN vb. **for**: he got more than he bargained for, *fuair sé dual na droinne de/is é fuadach an chait ar an domlas aige é*

s. **bad**: to accept a bad bargain, *luí faoi bhris*

best: he likes to have the best of the bargain, *is maith leis an ceann ramhar den chnámh a bheith aige*

clinch: to clinch a bargain, *margadh a cheangal*

drink: a drink to seal a bargain, *béaláiste*

pleased: he is not pleased with his bargain, *níl sé buíoch dá mhargadh*

worst: I got the worst of the bargain, *bhí meath an mhargaidh/na malairte/na mullóige agam*

BARK bite: his bark is worse than his bite, *is mó a ghéim ná é féin/is measa a ghlam ná a ghreim*

BARREL lock: lock, stock and barrel, *idir ailím is mhadar/idir choirt is chraiceann/idir ghob, chleite is sciathán*
s.a. **TAP**

BASELESS see **RUMOUR**

BAT blind: he is as blind as a bat, *comhsholas lá agus oíche dó/tá sé chomh dall le bonn mo bhróige*

BATTERED he has a battered appearance, *tá cuma na scríbe air*

BATTLE into: to go into battle, *dul in éadan na bpiléar*

word: an armed battle or a battle of words, *cath go ngaisce nó cath go mbriathra*
s.a. **JOIN**

BEAR brunt: we had to bear the brunt of the fight, *bhí luí na troda orainn*

cold: to be able to bear cold, *gabháil le fuacht a bheith agat*

expense: let the beneficiary bear the expense, *an té a d'ith an barr íocadh sé an féarach*
my pocket couldn't bear the expense of it, *ní raibh mo phóca faoi dom*

hard: before their distress becomes harder to bear, *sula dtromaí ar a n-anacain*

mark: he was dissipated and bears the marks of it, *bhí sé drabhlásach agus tá a lear air*

mind: bear that in mind, *coinnigh cuimhne/cuimhnigh air sin*

out: to bear out the story, *de dhearbhú an scéil*

telling: all truths won't bear telling, *ní bhíonn an fhírinne ininste i gcónaí*

up: bear up the heavy side for me, *fulaing an leatrom dom*
s.a. **LIFE (charmed), MUCH**

BEARING see **LOSE**

BEAT air: beating the air, *ag iomramh an aeir*

bush: beating about the bush, *ag baint boghaisíní ar cheist/ag iomlatáil le scéal*
he didn't beat about the bush, *ní dheachaigh sé i leith ná i leataobh leis*
don't beat about the bush, *ná bí ag spreotáil mar sin*

complete: it beat me completely, *chinn sé go dólámhach orm*

down: the sun beating down on the peaks, *an ghrian ag doirteadh ar na beanna*

fast: my heart was beating fast, *bhí fuadach ar/faoi mo chroí*
my heart was beating faster after the run, *bhí athbhuille ar mo chroí i ndiaidh an reatha*

helpless: to beat someone into a helpless condition, *bogmharú a thabhairt ar/do dhuine*

sound: he beat them soundly, *léirigh sé go binn iad*

unmerciful: to beat someone unmercifully, *duinní a dhéanamh ar dhuine*

worth: if you were worth beating, *dá mbeadh cuid bhuailte ionat*

BEATEN see **TRACK**

BEATING see **SOUND**

BEAUTIFUL see **CARRY**

BEAUTY skin-deep: beauty is only skin-deep, *más peaca a bheith buí tá na mílte damanta*
s.a. **EXCEL**

BECK see **CALL**

BECOME better: silence would become him better, *b'fhiúntaí dó a bheith ina thost*

rule: it is becoming the rule, *tá sé ag éirí ina reacht*
s.a. **HABIT**

BED see **CONFINE, SIDE (wrong)**

BEG see **DRIVE**

BEGGAR see **LOOK**

BEGGARY see **REDUCE**

BEGGING see **INVITE (refusal)**

BEGIN charity: charity begins at home, *baist do leanbh féin ar dtús*

fancy: he's beginning to fancy himself, *tá sé ag éirí aniar as féin*

feel: I was beginning to feel hungry, *bhí an t-ocras ag druidim liom*

look: they're beginning to look like soldiers, *tá aithne saighdiúirí ag teacht orthu*
he's beginning to look old, *tá an seanduine ag teacht air*

realize: he was beginning to realize his strength, *bhí a neart á thaibhreamh dó*
s.a. **AFFECT, DISCUSS, TIME**

BEGINNING go: I had to go at it again from the beginning, *b'éigean dom teacht ina imeall arís*

take: take it from the beginning, *tóg as béal gearrtha é*

BEGRUDGE to begrudge someone something, *bheith diúltach le duine faoi rud*
I don't begrudge it to you, *ní beag/mór liom duit é; ní á mhaíomh ort é; ní a mhóradh ort atá mé*
I never begrudged it to them, *níor thnúth mé riamh dóibh é*
they did not begrudge it, *ní dheachaigh sé faoina gcroí dóibh*

hospitality: never begrudge hospitality, *ná tabhair bia agus doicheall do dhuine*
BEHAVE same: behaving in the same manner as someone, *bheith ar aon iúl/ar an iúl le duine*
  tell: tell those children to behave themselves, *cuir spraic/brathladh ar na páistí sin*
  way: that's a nice way you behave, *is deas an obair í sin ort*
BEHIND right: I'll be right behind you, *beidh mise sna hioscaidí agat/i do dhiaidh aniar*
  s.a. **FALL, LEAVE¹, TALK**
BEHINDHAND we're behindhand with the work, *tá deireanas oibre orainn/táimid iarmharach leis an obair*
BELIE see **APPEARANCE**
BELIEVE ghost: I don't believe in ghosts, *ní ghéillim do thaibhsí*
  hear: don't believe everything you hear, *ná clois a gcloisfidh tú*
  see: seeing is believing, *déanann fearann fianaise/is é an cárta an comhartha*
  word: you shouldn't believe a word of it, *ní creidte focal de*
  s.a. **ANYTHING**
BELONG blame: to put the blame where it belongs, *an diallait a chur ar an each cóir*
  part: he doesn't belong to these parts, *ní as na bólaí seo é*
BEND back: he bent his back, *chuir sé cabha air féin*
  double: he is bent double, *tá a cheann agus a chosa buailte ar a chéile*
  he is bent double with age, *tá sé ina chrunca/le fána ag an aois*
  knee: he went down on bended knees, *chuaigh sé ar mhullach a dhá ghlúin*
  over: he was bent low over his work, *bhí a dhá cheann i dtalamh*
  under: he was bent under the burden, *bhí dronn air faoin ualach*
BENEFICIARY see **BEAR (expense)**
BENEFIT may you not get much benefit out of it, *nár dhéana sé geir duit*
  s.a. **FEEL, GREAT**
BENT he is bent on doing it, *tá sé luite amach/bainte ar a dhéanamh*
  mischief: to be bent on mischief, *drochfhuadar/drochstiúir a bheith fút*

talk: he is bent on talking, *tá rilleadh faoi*
BESIDE see **ANGER**
BEST vb. there was not a man to best him, *ní raibh fear a láimhe le fáil*
to best someone, *duine a bharraíocht*
a. it is best for you, *is é do bhuaic é*
adv.**can**: he helped me as best he could, *thug sé a dhícheall cuidithe dom*
he dragged it along as best he could, *tharraing sé leis é ar an iarach agus ar an árach*
  know: I suppose you know best, *creidim gur agat is fearr a fhios*
  s. **do**: it's the best he can do, *is é a bhang é*
I'm doing my best, *tá mé ag sá liom; tá mé ar mo bhionda/ar mo dhícheall/i muinín mo mhiota*
you can only do your best, *is leor do/ó Mhór a dícheall*
I had to do my best, *bhí gnó agam de mo dhícheall*
  dress: to dress in your best, *do dheise a chur ort*
  give: I'll give you best, *fágaim an barr/an chraobh agat; tugaim barr duit*
  the: it is the best, *is é bas/an gráinne mullaigh é*
  try: I tried my best but failed to do it, *chuaigh de mo dhícheall é a dhéanamh*
  worst: the best and the worst, *an togha agus an rotús*
  s.a. **BARGAIN, BOTH (world)**
BET see **ANYTHING**
BETTER get: he got the better of me (completely), *rinne sé cuimil an mháilín díom/bhí an barr aige orm/fuair sé an fear maith orm/rug sé mo bhua/rug sé orm/fuair sé ceannsmacht orm/chuir sé raitréata orm/chuaigh sé lastuas díom*
the devil wouldn't get the better of him, *ní bhainfeadh an diabhal an bhearna de*
his eagerness got the better of him, *chuaigh ag an bhfonn ar an bhfaitíos aige*
to let someone get the better of you, *do gheall a ligean le duine*
  know: they don't know any better, *níl fios a mhalairte acu*

I know better than to say such a thing, *ní heagal dom a leithéid a rá*

look: it's better than it looks, *is mó a thairbhe ná a thaibhse*
he is looking better, *tá sé ag bisiú ina ghné/ag gnéithiú*

much: it would have been much better for you to stay at home, *ba dheas do mhargadh fanacht sa bhaile*

nothing: it's better than nothing, *is fearr é ná a áit/ná cois/ná a mhalairt*
you would expect nothing better of him, *ní náir dó é*
there's nothing better than a rest, *níl bualadh amach ar an scíth*
there's nothing I'd like better, *ní iarrfainn a mhalairt*

run: you had better run for it, *tá sé in am agat a bheith ag déanamh cnaipí*

sleep: he slept better last night, *chodail sé néal de bhreis aréir*

spirit: he is in better spirits today, *tá breis misnigh air/tá spionnadh beag ann inniu*
s.a. **ANYTHING, BECOME, TAKE (turn)**

BETWEEN see **CHOOSE, EYE**

BEYOND see **BACK, CURE, GET, POWER, RECOVERY, REDEMPTION, REMEDY, REPAIR**

BIG really: I got a really big one this time, *fuair mé cránaí an iarraidh seo*
too: his clothes were much too big for him, *bhí sé ar iarraidh ina cheirteacha*
s.a. **TALK**

BILIOUS see **ATTACK**

BIND see **WORD**

BISCUIT see **TAKE**

BIT fall: it is falling to bits, *tá sé ag imeacht ina ghiotaí*
tiny: a tiny little bit, *oiread is a chaochfadh súil*
s.a. **BOTHER, CHANGE, EXERCISE, MUCH (chafe), SCOLDING, TEAR¹**

BITE vb. **chew**: you bit off more than you can chew, *is mó do bhéal ná do bholg*
fish: the fish are biting, *tá ithe ar an iasc*
nose: to bite someone's nose off, *an gaosán a bhaint de dhuine*
s.a. **BARK, DOG (hair)**

BLACK see **CALL (pot), PERSUADE**

BLACKEN see **CHARACTER**

BLAME vb. don't blame children for little things like that, *ná bí ag éileamh ar pháistí faoi rudaí beaga mar sin*
I blame you for it, *fágaim a fhachain ort/cuirim thusa i gcionta leis*
I don't blame you (for that), *níl aon chúis agam ort as sin/níl guth agam ort*
you are not to blame for it, *ní táithriúg ort é/níl do choir leis*
he was to blame for it, *bhí sé ina chiontaí leis*

get: he gets blamed for everything, *dá dtitfeadh crann sa choill is air a thitfeadh sé*
the stranger gets blamed for everything, *an mhaith is an t-olc i dtóin an choimhthígh*

hard: it's hard to blame you for it, *leasmháthair a thógfadh ort é*

s. **avoid**: to avoid the blame for something, *an púca a chur ó do theach féin*

take: you must take all the blame for it, *bíodh a choir agus a chionta ort*
to take the blame off someone, *maide as uisce a thógáil do dhuine*
s.a. **BELONG, BRING**

BLAZES see **GO**

BLEED see **EASY, PROFUSE**

BLESSING see **CALL**

BLIND see **BAT, DRUNK, LEAD¹, STRIKE**

BLISTERING see **ATTACK**

BLOCK vb. **escape**: to block the escape of an animal, *an bhearna a bhaint d'ainmhí*
light: to block the light from someone, *an solas a bhaint de dhuine*
s. **knock**: I'd knock your block off, *bhainfinn an sceimheal díot*

BLOOD see **BLUE, BOIL, DRAIN, DRAW, POUR, STONE**

BLOOMING see **LOT (whole)**

BLOT escutcheon: it is a blot on their escutcheon ever since, *tá sé ina cheathrú liath orthu riamh ó shin*
name: it's a blot on his good name, *briseadh teastais air é*
reputation: blot on reputation, *ceo ar chlú*

BLOW vb. **hot**: he blows hot and cold, *beireann an fuacht ar an teas aige*
in: to blow in, *teacht ar dhroim na gaoithe*

off: his hat blew off, *d'fhuadaigh an hata de*

up: he is blown up like a balloon, *tá sé ina lamhnán*

it's blowing up for rain, *tá géarbhach báistí ann*

s. **aim**: to aim a blow at someone, *buille a dheasú ar dhuine*

come: they came to blows, *bhí sé ina scléip eatarthu*

keep them from coming to blows, *déan tarrtháil eatarthu*

they are ready to come to blows, *tá siad ag éirí cnagach le chéile*

deaden: to deaden a blow, *buille a bhodhrú*

exchange: they exchanged hard blows, *bhí siad cnapánach le chéile*

great: it's a great blow to him, *is mór (an bhéim síos) air é*

mortal: it's like a mortal blow to him, *is domhain leis ina bhás é*

rain: raining blows on us, *ár gcaidhleadh le buillí*

resounding: to strike something a resounding blow, *halaboc a bhaint as rud*

ward: to ward off a blow, *buille a cheapadh/a chosaint*

s.a. **FEEL (sore), DRIVE (home), INDISCRIMINATE**

BLUE blood: he has blue blood in his veins, *tá braon den fhuil mhór ann*

face: he is blue in the face from the cold, *tá dath na ndaol air le fuacht*

moon: once in a blue moon, *lá sna naoi n-airde*

s. **bolt**: like a bolt from the blue, *d'urchar neimhe*

BLUFF trying to bluff people, *ag cur madraí i bhfuinneoga*

BLUNT adv. **say**: he said it out bluntly, *dúirt sé é gan frapa gan taca*

vb. **scythe**: you blunted the scythe, *bhain tú an béal as an speal*

BLURRED see **MIND**

BOARD share: the man who shared his board with her, *an fear a chuaigh i gcuibhreann léi*

sweep: to sweep the board, *an clár a lomadh*

BOASTING see **VAIN**

BOAT see **OVERLOAD**

BODILY seize: he was seized bodily, *rugadh air idir chorp chleite is sciathán/idir chorp is cheirt/idir chorp is chleití*

throw: he was thrown bodily in, *caitheadh isteach é idir cheann is chosa*

BODY bone: every bone in your body will be broken, *roinnfear do cheithre cnámha ar a chéile*

life: while there was any life left in his body, *fad a bhí an scriotharnach ann*

mutilate: the bodies were mutilated, *rinneadh íospairt ar na coirp*

BOIL blood: it made my blood boil, *chuir sé mo chuid fola agus feola trína chéile*

BOLT plant: the weather has caused the plants to bolt, *tá na plandaí ina mbuinneáin ag an aimsir*

s.a. **BLUE, SHOOT**

BONE bare: there is nothing left of him but the bare bones, *tá sé scafa anuas de na cnámha*

learning: learning was in his bones, *as an léann a fáisceadh é*

make: he made no bones about it, *ní dhearna sé mairg ar bith de*

skin: he's only skin and bones, *níl ann ach na fearsaidí/na cnámha agus an craiceann/an scrogall is an t-eagán; níl scileadh na bhfiach/spide fí air*

s.a. **BODY, BREED, REST, WORK**

BOOTS see **QUAKE**

BORN liar: he's a born liar, *is dathadóir cruthanta é*

lucky: he was born lucky, *rugadh an rath leis*

singer: he's a born singer, *tá ríd ceoil ann*

thief: he's a born thief, *ghoidfeadh sé an earra ón seangán/an ubh ón gcorr*

BOTH hand: he caught me with both hands, *rug sé thall agus abhus orm*

please: I am hard put to please you both, *tá mé i ngreim an dá bhruach eadraibh*

side: he always wanted to take both sides, *i ngreim an dá bhruach a bhí sé riamh*

he took that from both sides of the family, *ba dhual dó sin ón dá thaobh/thug sé sin leis ó thaobh na dtaobhann*

vomit: he had both vomiting and diarrhoea, *bhí dhá cheann a ghoile ag gabháil*

way: you can't have it both ways, *ní thig leat é a bheith ina ghruth is ina mheadhg agat/an craiceann is a luach a bheith agat*

world: to have the best of both worlds, *an dá shaol a thabhairt leat*

s.a. **ALIKE**

BOTHER what's bothering you? *cad é atá ag caitheamh ort?*

don't bother me (with your foolishness), *éist liom/lig dom (le do chuid amaidí)*

don't let that bother you, *ná cuireadh sin mairg ort*

bit: it didn't bother him one bit, *níor chuir sé clóic ná cailm air*

head: don't bother your head with it, *ná mearaigh thú féin leis*

I wouldn't bother my head with it, *ní bheinn bodhar/gafa leis*

look: I didn't bother to look for them, *níor chuir mé tiaradh ar bith orthu*

nothing: nothing else bothers them, *níl de scim orthu ach é/níl aon ní eile ag cur araoide orthu*

worth: he is not worth bothering about, *ní chuirfeá amach ar shluasaid é*

BOTTOM see **GET**

BOUND see **CLEAR**

BOW **string**: he has two strings to his bow, *tá dhá ruaim ar a shlat/dhá abhras ar a choigeal aige*

BOY see **APE, THRIVE**

BRAG see **NOTHING**

BRASS see **TACK**

BREAK vb. **cover**: (hare) to break cover, *éirí as a leaba dhearg*

fall: he was unable to break his fall, *thit sé gan chosaint*

heart: breaking his heart laughing, *ag cur a anamacha amach ag gáire*

ice: to break the ice, *an cath a bhriseadh*

run: to break into a run, *síneadh chun reatha*

smile: he broke into a smile, *mhaígh a ghean gáire air*

sweat: he broke out in a sweat, *bhí braic allais as*

I broke into a cold sweat, *tháinig fuarú allais orm*

tear: he was ready to break into tears, *bhí sé luchtaithe le deora*

wind: may it make you break wind, *go seinne sé siar ort*

s. **rain**: there is a break in the rain, *tá sé ag déanamh aitill/ina aiteall; tá aiteall aige*

s.a. **BACK, SURE**

BREATH see **HOLD, LIFE, WASTE**

BREATHE **can**: I couldn't breathe, *níor fhan smeámh/smid ionam*

still: he is still breathing, *tá an anáil ann*

word: don't breathe a word of it, *ná labhair thar d'anáil air/ná lig le hais d'anála é/ná cluineadh clocha an talaimh é*

BREED vb. **bone**: what's bred in the bone, *an rud atá sa chnámh (is doiligh a bhaint as an bhfeoil)*

misfortune: misfortune breeds misfortune, *nuair a thagann na míolta tagann na sneá*

poverty: they were bred in poverty, *fáisceadh as an mbochtaineacht iad*

s. **good**: he came of good breed and family, *tháinig sé de dhuine is de dhaoine*

s.a. **LEAVE**[1] **(propagate)**

BRING **blame**: it will bring blame on him, *tiocfaidh sé chun milleáin dó*

do: I couldn't bring myself to do it, *ní bhfaighinn i m'aigne é a dhéanamh*

down: to bring down the wrath of God on yourself, *díbheirg Dé a thuilleamh*

forward: to bring something forward (for discussion), *tréim a tharraingt ar rud*

heel: to bring someone to heel, *duine a thabhairt faoi stríoc*

home: I will bring it home to him, *cuirfidh mise i gcéill dó é*

on: the wetting he got brought on a fever, *chuaigh an fliuchadh chun fiabhrais dó*

it will bring on a shower, *bainfidh sé cith*

you brought it on yourself, *tú féin faoi deara é; is beag/maith an scéal thú*

rain: this heat will bring rain, *tá sé ag bruith fearthainne*

reason: to bring someone to reason, *duine a thabhairt chun caidirne*

ruin: I was brought to ruin, *rinneadh mo chabhóg*

he brought the place to ruin, *chuir sé
mírath ar an áit*

up: to bring something up, *rud a
thabhairt ar barr/a chur i dtreis*
that's what brought him up in the
world, *sin an rud a thug i gcéim é*
s.a. **ASK, CHANCE**

BROACH to broach a subject, *an ceann a
bhaint de scéal/fóideoga a bhaint*
trying to broach a subject, *ag fódóireacht
timpeall ar scéal/ag baint fód*

BRUNT see **BEAR**

BRUSH see **TAR**

BUDGE I can't make him budge, *ní thig
liom filleadh ná feacadh/feacadh ná
fiaradh a bhaint as*
nothing could budge him, *ní bhogfadh
seacht gcatha na Féinne é*
inch: he wouldn't budge an inch, *ní
thabharfadh sé bogadh ná sá
uaidh/bhí sé i bhfeac*
refuse: to refuse to budge, *cos a chur i
bhfeac/i dtaca/i dtalamh/i dteannta*

BUFFETING life: he has taken a buffeting
from life, *tá sé rambraithe ag an saol*

BUNGLE you bungled matters, *loisc tú do
ghual is ní dhearna tú do ghoradh*
to bungle matters, *camalanga a
dhéanamh de rud*

BURDEN see **BACK, BEND (under), PAY**

BURN anger: he was burning with anger,
bhí beirfean feirge air
complete: you have burned it
completely, *tá sé ina ghualach agat*
finger: he burned his fingers, *dódh é*
money burns his fingers, *mheilfeadh
airgead ina mhéara*
impatience: he is burning with
impatience, *tá tine ar a chraiceann*
money: he has money to burn, *tá
airgead le hanamacha na marbh/
airgead ina bhréanmhóin aige*
s.a. **MIDNIGHT (oil)**

BURY dead: till he is dead and buried, *go
dté (na trí) scaob air*
hatchet: let us bury the hatchet,
caithimis an chloch as ár muinchille
yet: she'll bury you yet, *cuirfidh sí
cloch i do charn*

BUSH see **BEAT**

BUSINESS see **ASK, ATTEND, MEAN,
MIND, STICK**

BUTTER word: fair words butter no
parsnips, *ní chothaíonn/bheathaíonn
na briathra na bráithre*

BUY see **ADVANTAGE (dear), QUICK**

BY see **LAY, PUT**

BYGONE let bygones be bygones, *fág na
seanchairteacha i do dhiaidh*

BYWORD he has become a byword, *tá sé
ina sceith bhéil*

C

CAKE eat: he wants to have his cake and
eat it, *ba mhaith leis é a bheith ina
phota is ina mhála aige*

CALL vb. account: you'll be called to
account for that yet, *beidh an t-éileamh
ort faoi sin fós*
after: to keep calling after him, *héing a
choinneáil leis*
blessing: it wasn't a blessing he called
after me, *ní maith an tiomna a chuir
sé liom*
door: he called to the door,
bheannaigh sé sa doras
explain: you should call on her to
explain that statement, *ba cheart duit
an chaint sin a iomardú uirthi*
feed: they were calling to be fed, *bhí
siad ag guthaíl ar a gcuid*
in: he called in to us, *bheannaigh sé
isteach chugainn*
he called in as he was passing, *tháinig
sé isteach ar a choiscéim*
he called in on his rounds, *tháinig sé
isteach ar a chamruathar*
liar: he called me a liar, *thug sé
bréagach dom*
name: they were calling each other
names, *bhí siad ag baisteadh a chéile*
off: call off those dogs, *bagair/fógair
ar na madraí sin*
order: call those children to order, *cuir
brathladh ar na páistí sin*
pot: the pot calling the kettle black,
*casadh an chorcáin leis an gciteal/is
maith an té atá ag tabhairt an
achasáin uaidh*
s. **beck**: you are at his beck and call,
*níl aige ach fead a ligean/sméideadh
ort*
s.a. **UNEXPECTED**

CALLOUS my heart has grown callous, *tá
mo chroí ina chrotal cnó*

CALM the sea is getting calm, *tá an fharraige ag sleamhnú*

CAN see **BEST**

CANING see **SOUND**

CAPER see **CUT**

CARD see **SLEEVE, SUIT**

CARE vb. **alive**: he doesn't care whether they are alive or dead, *ní mó leis ann ná as iad*
> **all**: for all I care, *ar scáth ar miste liom*
> **for**: I care for no man, *níl beann agam ar aon duine*
>> I don't care for it, *níl sé i mo thaitneamh/chun mo thaitnimh*
>> he was well cared for, *fuair sé a dhíol d'ionramh*
> **live**: I care not whether I live or die, *is cuma liom beo nó éag/mo bheo nó mo mharbh*
> s. **least**: it's the least of his cares, *is é an dual is faide siar ar a choigeal é*
> **world**: he hasn't a care in the world, *níl cíos cás ná cathú/muirín ná trillín/aon chaitheamh sa saol air; tá sé gan uídh gan óidh*
> s.a. **FREE, LEAST**

CAREFUL **hurt**: careful not to hurt someone, *cáiréiseach gan duine a ghortú*
> **keep**: keep it carefully in mind, *tabhair do d'uídh agus do d'aire é*
> **of**: she is careful of them, *tá siad cúramach aici*
> **warn**: he warned me (repeatedly) to be careful, *chuir sé (na seacht) seachaint orm*
> s.a. **CONSIDERATION**

CARELESS see **PUT (together)**

CARRY **beautiful**: she carried herself beautifully, *ba dheas a seasamh i mbróga*
> **easy**: you can easily carry it, *ní hualach ar do ghualainn é*
> **help**: help him to carry the load, *téigh san ualach leis*
> **leg**: he was hurrying as fast as his legs could carry him, *bhí deifir a dhá bhonn air/d'imigh sé an méid a bhí ina chorp/chuir sé sna cosa*
> s.a. **AWAY, MUCH**

CASE see **SORRY, SUPPOSE**

CAST **aside**: to cast aside restraint, *an staic a tharraingt*
> cast aside, *i gcúl choicíse*

aspersion: to cast aspersions on someone, *coiriú ar dhuine*

die: the die is cast, *tá an buille buailte agus an gaiste tabhartha*

doubt: to cast doubts on something, *éidearbhú a dhéanamh ar rud*

eye: to cast an evil eye on someone, *drochamharc a dhéanamh ar dhuine*
> to cast sheep's eyes at someone, *súil na glasóige a chaitheamh ar dhuine*

lots: casting lots, *ag imirt biorán sop/ag caitheamh crann (ar rud)*

up: he wouldn't have it cast up to him, *ní ligfeadh sé siar air féin é*

CASUAL see **INVITATION**

CAT **dog**: it was raining cats and dogs, *bhí sé ag cur de dhíon is de dheora; bhí sé ag cur/ag caitheamh sceana gréasaí*

CATCH vb. you'll catch it (when you get home), *tá tú ag tuar/beidh tú i gcorr an chochaill/cuideofar leat/tá sé bruite ar bhainne duit/aireoidh tú beach/tá sé faoi do chomhair (ag baile)*
> **chest**: to be caught in the chest, *bheith ceangailte san ucht*
> **cold**: they caught the cold one by one, *shiúil an slaghdán orthu*
>> don't risk catching a cold, *ná tabhair siocair shlaghdáin duit féin*
> **death**: he caught his death from it, *fuair/tholg sé a bhás as*
> **eye**: it catches the eye, *cuid súl é/tá sé insúl*
> **glimpse**: I caught a glimpse of it, *fuair mé tionscnamh air*
> **late**: I was caught out late, *rug/tháinig an deireanas orm*
> **nothing**: they have caught nothing (by way of fish), *níl breac/róstadh an tlú leo*
> **rain**: we were caught in the rain, *tháinig an fhearthainn orainn*
> **Tartar**: he caught a Tartar, *is é fuadach an chait ar an domlas aige é*
> **train**: to make a dash to catch a train, *traein a ribeadh*
> **up**: they're catching up with us, *tá siad ag géarú orainn*
>> if I catch up with you, *má shroichimse chomh fada leat*
>> he caught up with me at the chapel, *choinnigh sé liom ag an séipéal*
>> their sins are catching up on them, *tá a bpeacaí ag sileadh orthu*

I can't catch up with my work, *níl breith agam ar mo chuid oibre*

wile: I wouldn't like to be caught in your wiles, *níor mhaith liom teacht in bhur gcluain*

s. **good**: he's a good catch for a woman, *is maith an dóigh mná é*

quite: he's quite a catch for a young woman, *is é an geall do bhean óg é*

s.a. **ACT**, **GUARD (off)**, **REDHANDED**, **WRONG**

CAUSE vb. **friction**: causing friction among neighbours, *ag déanamh díoscáin idir chomharsana*

inconvenience: to cause someone inconvenience, *ciotaí a dhéanamh do dhuine*

real: (and) he had real cause (for anxiety, etc.), *(agus) ní i bhfad uaidh a chonaic sé an t-ábhar*

row: he would cause a row in any company, *chuirfeadh sé dhá cheann na coille ar a chéile*

trouble: those children cause no end of trouble, *tá an mífhortún ar na páistí sin*

causing trouble, *ag beochan bruíne*

s. **lost**: it's a lost cause, *is báire buailte é*

trouble: it is the cause of all the trouble, *is é íde gach oilc é*

s.a. **CONFUSION**

CEASE **curious**: they ceased to be curious about it, *d'éirigh siad neamhiontach ann*

expect: I ceased to expect it, *chuir/bhain mé mo shúil de*

notice: he ceased to notice us, *chuaigh a aire dínn*

CENSURE **avoid**: to avoid public censure, *dul ó bhéal na ndaoine*

full: the world is full of censure, *níl sa saol ach caitheamh is cáineadh*

s.a. **OPEN**

CEREMONY **stand**: standing on ceremony, *ag seasamh na honóra/ag imirt na galántachta*

CESS **bad**: bad cess to you, *cúradh mo chroí ort; mo dhon is mo dhoghrainn/ mo dhuais ort; ladhrach ort; leathadh na leathóige/leonadh is liathadh/ tilleadh teannaidh (agus marbhfháisc) ort*

CHAFE see **MUCH**

CHALK **long**: it's better by a long chalk (than), *is fearr é faoi ghiota mór (ná)*

CHALLENGE vb. he challenged me, *thairg sé dom/chuir sé iomaidh orm*

he challenged me on what I said, *chuir sé chun tosaigh orm é faoin rud a dúirt mé*

contest: to challenge someone to a contest, *báire a chur ar dhuine*

fight: to challenge someone to a fight, *méar fhliuch a leagan ar dhuine*

s. **issue**: to issue a challenge, *béim scéithe a bhaint*

CHANCE vb. **meet**: I chanced to meet him, *bhuail sé i mo threo*

s. **bring**: whatever chance brought them here, *cibé gaoth a sheol chugainn iad*

come: I came on the chance you might be at home, *tháinig mé ar chuntar go mbeifeá istigh*

get: to get a fair chance at something, *cothrom a fháil ar rud*

to get a chance at something, *eitim/an lom a fháil ar rud*

give: don't give them a chance to backbite you, *ná fág gléas cúlchainte acu ort*

lose: you have lost your chance of it, *níl sé ar dhíslí agat*

now: now is your chance, *is é seo an talamh/an t-am agat*

slight: if I got the slightest chance at it, *dá bhfaighinn faill na feannóige air*

sporting: he has a sporting chance of it, *tá sé ar dhíslí aige*

succeed: that left you without a chance of succeeding, *d'fhág sin díot é*

take: to take a chance on something, *bheith buaite nó caillte le rud*

take it when you have the chance, *dún do dhorn air*

s.a. **OFF**

CHANGE vb. **bit**: you haven't changed a bit, *is tú atá ann i gcónaí*

colour: he kept changing colours, *chuir sé dathanna/trí dhath/na seacht ndath de féin*

he changed colour, *dhubhaigh agus dheann air*

course: to change the course of someone's life, *cor a chur i gcinniúint/saol duine*

food: a welcome change of food, *an eorna nua*

hue: the sea is changing hues, *tá an fharraige ag caitheamh dathanna*
mind: you change your mind quickly about things, *is gearr eatarthu agat*
mood: his moods change rapidly, *ní fada óna ghol a gháire*
nothing: nothing will ever change him, *ní dhéanfaidh an saol de ach mar atá sé*
opinion: you won't make him change his opinion, *ní chuirfidh tú thar a thuairim é*
subject: he changed the subject, *tharraing sé athrach scéil air féin/tharraing sé scéal eile chuige*
time: times have changed a lot since then, *is iomaí cor a chuir an saol de ó shin/tháinig an t-athrach ar an athrach*
till times change, *go mbeire saol éigin eile orainn*
tune: he never changes his tune, *tá an seamsán céanna i gcónaí aige*
weather: the weather is changing rapidly to rain, *tá an aimsir ag piastáil chun báistí*
s. **get**: you won't get much change out of him, *ní bhfaighidh tú mórán brabaigh airsean*
CHAOTIC the place is in a chaotic state, *tá an áit ina ré rosaigh*
CHAPTER see **QUOTE**
CHARACTER blacken: it's easier to blacken character than to restore it, *tógfaidh dath dubh ach ní thógfaidh dubh dath*
defame: they defamed his character, *mhill/scaip siad a chlú*
read: I'd read your character for you, *léifinn do cláiríní duit*
regard: you have little regard for other people's character, *is réidh stiall de chraiceann duine eile agaibh*
revile: to revile someone's character, *clú duine a mhaslú*
wicked: he's a wicked character, *is é an drochrud é*
CHARITY see **BEGIN**
CHARMED see **LIFE**
CHARMING see **VOICE**
CHASTISE see **PROPER**
CHATTER see **AWAY, FUDDLE**
CHEEK see **DRAIN (blood), TONGUE**
CHEST see **CATCH**
CHEW see **BITE**

CHICK child: they have neither chick nor child, *níl leanbh ná lorán acu; níl sac (ná mac) ná muirín/muirín ná trillín orthu*
CHILD see **AMUSE, CHICK, LITTLE, SENSE**
CHILL to take the chill out of milk, *bainne a bhogadh*
CHILLY see **TURN (damp)**
CHOICE man: she got the man of her choice, *fuair sí fear ar a mian*
open: you have two choices open to you, *tá an dá chrann ar do bhos agat*
CHOOSE between: there's nothing to choose between them, *deartháir do Thadhg (riabhach) Dónall (crón/gránna)*
particular: particular in choosing clothes, *toighseach faoi éadach*
pick: if I could pick and choose, *dá mbeadh breith agus dhá rogha agam*
time: it's not for me to choose the time, *ní ar mo mhithidí atá*
CHRONIC it has become chronic with him, *tá sé i bhfeadánacht ann*
my cold became chronic, *chuaigh an slaghdán i bhfostú ionam/in achrann ionam/in ainseal orm/i ngadhscal dom; dhaingnigh an slaghdán ionam*
CHURN see **GROUND (hard)**
CIRCUMSTANCE any: (never) in any circumstances, *go ndéana Dia Diarmaid díom*
under any circumstances, *ar bhog ná ar chrua*
easy: in easy circumstances, *ar an neamhacra/ar an neamhthuilleamaí*
mercy: he's at the mercy of circumstances, *tá sé ar choimirce an tsí gaoithe*
straitened: he is in straitened circumstances, *tá sé lag ina chuid/ar an ngannchuid*
CLAIM vb. not: I cannot claim to be like that now, *féadaim sin a shéanadh anois*
s. **each**: they have no claim on each other, *níl aon chall acu chun a chéile*
place: I have no claim to the place, *ní áit buaile ná seanbhaile dom é*
substantiate: to substantiate a claim, *urra a chur le hacht*
time: I have many claims on my time, *is iomaí glaoch orm*
s.a. **ABLE, ATTENTION**

CLASS see **EXCEL**

CLEAN **lift**: he was lifted clean off his feet, *tógadh as láthair a bhonn é*

CLEAR vb. **bound**: to clear something at a bound, *dul glanoscartha thar rud*

  corner: to clear a corner, *coirnéal a ghlanadh*

  off: everyone cleared off, *níor fhan/níor fágadh duine ar bráid*

  out: he cleared out, *d'fhág sé an clár is an fhoireann acu/bhog sé a ancairí/d'fhág sé an gleann is a raibh ann acu*

    the people were cleared out of the place, *cartadh na daoine as an áit*

    clear out of here, *dealaigh leat as seo*

  rock: we cleared the rock on the first tack, *thógamar an charraig den chéad bhord*

  sky: the sky is clearing in patches, *tá fuinneoga ag teacht ar an spéir*

  up: the day cleared up, *bhreac an lá suas/bhí an lá ag scarbháil/bhí screamh ar an lá*

    if it would clear up a little, *dá ndéanfadh sé eatramh beag*

  a. **anybody**: it's clear to anybody who wants to see it, *is léir do dhaoine dalla an domhain é*

  make: to make yourself clear, *tú féin a chur i bhfáth*

    to make something quite clear to someone, *rud a chur ar an leac do dhuine*

  recollection: I have no clear recollection of seeing anything of the sort, *ní léir liom go bhfaca mé a leithéid*

  warning: that tragedy should be a clear warning to them, *ba chóir go bhfuair siad taispeánadh ón tubaiste sin*

  adv. he got clear, *thug sé an eang leis*

CLIMB see **POWER**

CLINCH see **BARGAIN**

CLOCK see **READ**

CLOSE see **QUARTER**, **VENTURE**

CLOTHES see **WARM**

CLOYING see **TASTE**

COAL **Newcastle**: carrying coals to Newcastle, *cnuasach trá a bhreith go hInse/ag díol meala agus ag ceannach milseán/ag breith liúdar go Toraigh*

COCKED see **HAT (knock)**

COCKLE see **WARM**

COLD see **ATTACK**, **BEAR**, **CATCH**, **CHRONIC**, **GET**, **GRIP**, **KNOCK**, **PERISH**, **RELAPSE**

COLLAPSE I was in a state of collapse, *níor fhan sea ná seoladh ionam/bhí mé i gcruth titim*

COLLAR **pin**: it put me to the pin of my collar (to do it), *chuaigh sé go beilt an chlaímh orm/chuir sé trí m'úmacha mé (é a dhéanamh)*

COLOUR see **CHANGE**

COMBAT see **ENGAGE**

COME **against**: the hurt came against him again, *thóg an gortú ceann arís dó*

    it will come against you some day, *teagmhóidh sé duit lá éigin*

    the old wound came against me, *tháinig an seanghortú liom*

  away: the knot came away with it, *bhog an tsnaidhm leis*

  crunch: when it comes to the crunch, *nuair a théann an chúis go cnámh na huillinne*

  down: to come down in the world, *dul ón rabhartha go dtí an mhallmhuir*

    I wouldn't come down to your level, *ní rachainn ar aon rian (amháin) leat*

  easy: a lie always came easy to him, *níor thacht an bhréag riamh é*

  fight: it will come to a fight between them yet, *bruíonfaidh siad fós*

  go: he goes and comes as he pleases, *tá a cheann is a chosa leis*

  much: he'll never come to much, *ní bheidh lá foráis air go héag*

  nothing: the attempt came to nothing, *bhí neamhthoradh ar an iarracht*

  on: the night came on us, *rug an oíche orainn*

  pass: everything he said came to pass, *d'imigh gach ní dá ndúirt sé*

    it came to pass (that), *tháinig sé de chor sa saol (go)*

    if it comes to pass (that), *má thagann sé isteach (go)*

  same: it comes to the same thing, *dearthair don sac an mála*

  shower: there is a shower coming, *tá braon sa tsúil aige*

  to: it is coming to you, *tá sé tabhaithe agat*

    you'll get what's coming to you, *gheobhaidh tusa do chandam féin* s.a. **ASK, BLOW, DETEST, FULL, GOOD (no), HOUR (late), LIFE, SEE, SENSE, SLOW, TEST, UNEXPECTED, UNWANTED, USEFUL, WAIT, WANTED (not), WAY**

COMFORT see **LIVE**

COMMAND see **ATTENTION, DEFY**

COMMIT avoid: to avoid committing yourself, *dul ar do sheachaint*
  deep: to be deeply committed to something, *bheith domhain sa dip*
  earth: he was committed to the earth, *dáileadh an chré leis*
  indiscretion: he committed an indiscretion, *bhain earráid bheag dó*
  suicide: he committed suicide, *ghiorraigh sé leis féin/d'ídigh sé é féin*

COMMITMENT see **MEET**

COMMON expression: it is a common expression here, *focal tréitheach anseo é*
  knowledge: that is common knowledge, *tá a fhios sin ag madraí an bhaile*
  s.a. **AFFLICTION, GOSSIP (subject)**

COMMOTION see **FILL (house)**

COMPANY see **AVERSE, CAUSE (row)**

COMPARE I wouldn't compare him to you, *ní chuirfinn i gcomh-ard/ar aon iomaire leat é*
I'm only a child compared to him, *níl ionam ach leanbh ar a ghualainn*
he can't compare with you (as a speaker), *níl gáir/aon bhreith aige ort (mar chainteoir)*
it's nothing compared with death, *is neamhní é i bhfail an bháis*

COMPLAIN see **NEVER**

COMPLAINT see **WANTED (not)**

COMPLETE see **BEAT, BURN, EXHAUST, FINISH, FULL, POWER, RECOVER, SPOIL**

COMPLICATION see **LEAD**[1]

CONCERN see **INTERFERE, LACK, MOST, ONLY**

CONCLUSION draw: to draw a conclusion from what is said, *adhmad a bhaint as caint/a dhéanamh de chaint*
  jump: do not jump to conclusions, *ná déan deimhin/dóigh/scéal de do bharúil*

CONCOURSE see **WONDERFUL**

CONDESCEND she would not condescend to (have to do with) him, *ní chromfadh sí air*

s.a. **ARGUE**

CONDITION see **CRITICAL, MINT**

CONDUCIVE well-being: it would not be conducive to your well-being to be there, *níorbh fholláin duit bheith ansin*

CONDUCT see **PROPER**

CONFIDENCE see **APPROACH, LITTLE, LOOK (forward)**

CONFINE he was confined (to prison), *cuireadh greamanna air*
I wouldn't confine myself to that amount, *ní bheinn ag cumadh leis an méid sin*
it is not confined to that, *níl sé ina bhun sin*
they didn't confine themselves to that, *níor fhan siad taobh leis sin*
  bed: he was confined to bed for a time, *chaith sé coraintín ar a leaba*

CONFINES house: within the confines of the house, *ar fuarcas/faoi iamh an tí; laistigh de chleitheanna an tí*

CONFUSE all confused, *ar fud (fad) a chéile/trína chéile*
those children have me all confused, *tá mé i mo chíor thuathail/i mo chiafart ag na páistí sin*
she became all confused, *dhubhaigh is dhearg aici/chuaigh sí ar an bhfóidín mearaí*
to let yourself become confused about something, *ligean do rud dul sa fhraoch ort*
it has become confused in my mind, *tá sé imithe in agar orm*
what's confusing his senses, *an rud atá ag déanamh dorchadais dó*

CONFUSION utter: to be in a state of utter confusion, *bheith i do dhiúra dheabhra*
things are in utter confusion, *tá rudaí ar fudar fadar*
to cause utter confusion, *an t-íochtar a chur in uachtar*
in utter confusion, *gan tús deireadh*

CONSEQUENCE aggressor: the aggressor must take the consequences, *ós tú a tharraing ort, íoc olc is iaróg*
  report: the report is of no consequence, *nár thaga gáir is measa*
  save: let me do as I please but save me from the consequences, *lig mé chun an bhodaigh ach ná lig an bodach chugam*

suffer: to make someone suffer the consequences of his act, *an deasca a bhaint as duine*
CONSIDERATION any: (not) for any consideration, *ar chomha ná ar chleas/dá bhfaighinn Éire air*
  careful: to give careful consideration to something, *barainn a chur ar rud*
    feeling: only I had consideration for his mother's feelings, *ach amháin go raibh mé ag géilleadh dá mháthair*
CONSTANT see **ANXIETY**
CONSTERNATION see **STATE**
CONSTITUTIONAL to go for a constitutional, *do ghoile a dhéanamh*
CONSUMING see **PASSION**
CONTEMPT see **SHOW**
CONTEST see **CHALLENGE**
CONTEXT see **VIEW (eternity)**
CONTINGENCY all: it's hard to cope with all contingencies, *is doiligh muir is tír a fhreastal*
CONTINUE continue with what you're doing, *lean ar do láimh*
CONTRADICTORY report: there are contradictory reports about it, *d'inis fiach é agus shéan feannóg é*
CONTROL see **APPEAR**
CONVALESCE rapid: he is convalescing rapidly, *tá sé ina tháinrith chun sláinte*
CONVENIENCE await: awaiting his convenience, *ag brath ar a mhithidí/ag feitheamh lena mhithidí*
CONVERSATION see **INTERFERE**, **INTERRUPT**, **MAKE**, **START**, **TIME-WASTING**
COOK see **GOOSE**
COPE it's hard to cope with life, *is deacair an saol a bharraíocht*
  it's hard to cope with him, *is doiligh ceart a bhaint de*
  s.a. **CONTINGENCY (all)**, **UNABLE**
CORNER see **CLEAR**, **ESTABLISH**, **ROUND**, **SHOOT (round)**
COST see **ALL-OUT (effort)**, **FREE**
COUNT see **LITTLE**, **MANY**
COURAGEOUS see **RESIGN**
COURSE see **CHANGE**
COURT see **OPEN**
COUSIN first: they are first cousins, *tá siad a dó is a dó*
  they are first cousins once removed, *tá siad a dó is a trí*
COVER see **BREAK**
COW see **DIE[1]**

CRAFTY deal: he is a crafty one to deal with, *tá pionsaíocht ann*
CRAMP space: I am cramped for space, *níl dul ná teacht agam*
CRANNY see **NOOK**
CRASH see **WAY**
CRAZY see **DRIVE**
CREDENCE to give credence to someone, *cion na fírinne a bheith agat ar dhuine*
CREDIT see **DO**
CREDULITY see **PLAY**
CREEPS it would give you the creeps, *chuirfeadh sé fionnachrith/fionnaitheacht/mágra éadain ort*
CRISIS survive: he survived the crisis, *chuir sé an drochuair thairis*
CRITICAL condition in a critical condition, *idir dhá cheann na meá*
  moment: at the critical moment, *idir long is lamairne/idir an leac is an losaid/idir an luid is an losaid*
  rather: aren't you rather critical of me? *nach sibh atá beacht orm?*
CROCODILE see **TEAR[2]**
CROOKED see **NATURE**
CROP see **DESTROY**
CROSS heart: cross your heart, *leag lámh ar do choinsias*
  mind: it crossed my mind to speak to you, *tháinig sé tríom labhairt leat*
  sword: to cross swords with someone, *dul i ndeabhaidh lainne/chun sleanntracha le duine*
  they crossed swords, *tháinig siad crosach ar a chéile*
CROUCHED see **WALK**
CRUCIAL see **TEST (come)**
CRUNCH see **COME**
CRY eye: she cried her eyes out, *shil sí acmhainn a súl/chaoin sí dobhar*
  heart: he cried his heart out, *bhí sé ag caoineadh go raibh cuach ina chroí*
  restlessness: restlessness leads to crying, *is maith an bhogadach go dtaga an mheigeallach*
  s.a. **LATE**, **STOP**
CUPBOARD love: cupboard love, *grá don ailp/grá na hailpe*
CURE vb. endure: what can't be cured must be endured, *beart gan leigheas, foighne is fearr air*
  s. **beyond**: he is beyond cure, *ní leigheasfadh lia ná fisigeach/lia na bhFiann é*

laziness: a douche of cold water is a cure for laziness, *an t-uisce fuar a scallas an falsóir*

CURIOUS see **CEASE**

CURSE see **FALL**

CURSORY to do something in a cursory manner, *folach an chait (ar a thuar) a dhéanamh ar rud*

CUSTOMER see **SHADY-LOOKING**

CUT across: to cut across the field, *dul (ar) fiarlaoid na páirce*
  caper: he is cutting capers, *tá figiúirí faoi*
  lip: to cut someone's lip, *failc a chur i nduine*
  nose: don't cut off your nose to spite your face, *ná déan namhaid de do rún/ná tabhair do shonas ar do dhonas*
  ribbon: they cut each other to ribbons, *rinne siad scláradh ar a chéile*
  rough: to cut up rough, *grean a dhéanamh*
  size: to cut someone down to size, *leibhéal a dhéanamh ar dhuine*
  s.a. **EXACT**, **SHORT**

CUTTING see **REMARK**

D

DAGGER look: he looked daggers at me, *bhí faobhar ar a shúile/tháinig rinn ar a shúile liom*

DAMAGE see **REPAIR (beyond)**

DAMP see **GET (at)**, **TURN**

DANCING see **SCHOOL**

DANDLE arm: to dandle a child in your arms, *sac salainn a dhéanamh le leanbh*

DANGER see **INVOLVE**, **UNITY (face)**

DANGEROUS ground: you are on dangerous ground, *tá tú ag rith ar thanaí*
  position: to be in a dangerous position, *bheith in áit do charta/do threascartha*
  provoke: he's dangerous to provoke, *tá drochbhuille ann*
  s.a. **SPOT**

DARK figure: I saw a figure in the dark, *chonaic mé an allait sa dorchadas*
  grope: groping in the dark, *ag dornásc oíche*

keep: keep it dark, *buail/leag/luigh cos air; buail stampa air*

leap: a leap in the dark, *léim chaorach sa duibheagán/léim an daill*
  to take a leap in the dark, *dúléim a thabhairt*

sew: she was sewing in the dark, *bhí sí ag fuáil faoina doirne*

shot: a shot in the dark, *urchar an daill faoin abhaill*

DASH see **CATCH (train)**

DAUGHTER see **PROVIDE**, **SETTLE**

DAY see **AWKWARD**, **ENJOY**, **LATE**, **LENGTHEN**, **LONG**, **RAINY**, **RECKONING**, **RED-LETTER**, **SORRY**, **SPEND (idle)**, **SUITABLE**, **TAKE**, **WASTE**, **WORK**

DAYLIGHT we got home by daylight, *thugamar an lá linn abhaile*
  s.a. **ADVANTAGE**, **LIVE**

DAZED see **LACK (sleep)**

DEAD stone: he was stone dead, *bhí sé maol marbh*
  world: he is dead to the world, *níl cuach ann*
  s.a. **BURY**, **CARE (alive)**, **DRUNK**, **LONG**, **SPIT**, **WAKE**, **WISH**

DEAD-AND-ALIVE dead-and-alive person, *bás ina sheasamh/bás gorm*

DEADEN see **BLOW**, **PAIN**

DEAL vb. easy: he's not easy to deal with, *ní haon ribín réidh é*
  hard: it's hard to deal with him, *is doiligh ceart a bhaint de*
  harsh: to deal harshly with someone, *bheith anuas sa mharc ar dhuine*
  impossible: it's impossible to deal with him, *tá sé os cionn ranna*
  let: I'll let his father deal with him, *fágaim ar lámh a athar é*
  man: we have a man to deal with him, *tá fear a fhreastail againn*
  unable: I'm unable to deal with him, *ní thig liom cothrom a bhaint as*
  way: he has a way of dealing with them, *tá dul aige orthu*
  s. money: it cost a great deal of money, *chosain sé na táinte*
  a pound is not a great deal of money, *ní mór an cruinneas punt*
  trouble: to take a great deal of trouble with something, *geastal a chur ort féin le rud*

s.a. **CRAFTY**, **DEVISE (scheme)**,
UNFAIR

DEAR a. **life**: I was hurrying for dear life,
bhí deifir m'anama orm
he was running for dear life, *bhí sé ina
rith i mbarr/i ndeireadh/i dtánaiste/i
bpéiniste a anama*
adv. **earn**: he earned it dearly, *is goirt a
shaothraigh sé é*
pay: they will pay dearly for it, *íocfaidh
siad a haon is a dó/go feillbhinn as;
bainfear as a gcreataí é*
wish: I dearly wish (that), *b'fhearr liom
ná rud maith (go)*
s.a. **ADVANTAGE**

DEATH s.a. **CATCH**, **ESCAPE**, **GRIP**,
LOOK, **PREPARE**, **REPRIEVE**

DECEIVE to deceive someone, *íogán a
dhéanamh/an cluiche claonach a imirt
ar dhuine*
ear: unless my ears deceive me, *mura
bhfuil mo chluasa dearmadach*
eye: unless my eyes deceive me, *mura
bhfuil léaspáin ar mo shúile*

DECISION see **TAKE**

DECLINING see **ENJOY (year)**

DEED see **TAKE (will)**

DEEP see **COMMIT**

DEFAME see **CHARACTER**

DEFEND see **EFFORT (miserable)**,
LIMIT, **POSITION**, **PREPARE**

DEFER see **NOTHING**

DEFY defying me, *ag éirí chugam*
to defy someone, *deirgín duine a
thabhairt; slán a chur/a thabhairt
faoi dhuine*
command: she let the children defy her
commands, *lig sí na páistí chun
diúnais uirthi*
description: it defies description, *níl
léamh sna leabhair/cur síos le
déanamh air*

DEGENERATE **language**: it's not the
language that degenerated, *ní hí an
teanga a chuaigh ó chion*

DEGREE see **UTMOST**

DELIBERATE see **EVADE (issue)**

DELUDE to delude someone, *dalbhadh a
chur ar dhuine*
don't delude yourself, *ná codail ar an
gcluas sin*

DEMAND vb. **right**: to demand your
rights from someone, *do cheart a
fhógairt ar dhuine*

s. **favour**: a demand is not a favour, *ní
oineach ó iarrtar*
great: they are in great demand, *is
orthu atá an tarlú; tá fiafraí/an-ghal
orthu*

DEMEAN I wouldn't demean myself by it,
b'fhada mar phaiste orm é
demeaning yourself for someone, *ag
scamhadh geatairí do dhuine*
don't demean yourself, *ná déan a bheag
díot féin*
to demean yourself with something, *tú
féin a mhéalú le rud*
say: don't demean yourself by saying it,
ná cam do bhéal leis

DENY see **SUPPOSE**

DEPEND I shouldn't like to depend on
him, *is mairg a bheadh ina mhuinín*
fishing: they depend on fishing for a
livelihood, *tá a dteacht suas ar an
iascaireacht*
health: he is depending on his health,
tá sé i leith a shláinte
neighbour: depending on your
neighbour, *ag forcamás ar an bhfear
thall*
shame: shame depends on your
attitude, *níl sa náire ach mar a
ghlactar é*
sole: depending solely on, *i dtortaobh
le*

DEPENDENT see **TOTAL**

DEPRESSED see **LOOK**

DEPRIVE to deprive someone of
something, *rud a chur de dhíobháil/de
dhíth ar dhuine; uireasa ruda a
thabhairt do dhuine*
opinion: I didn't deprive him of his
opinion, *níor mhill mise a bharúil air*
sense: he was deprived of his senses,
fágadh gan chiall gan chonn é

DEPTH see **LACK**

DESCRIBE see **PROPER**

DESCRIPTION see **DEFY**

DESERVE he deserves it, *tá sé cosanta
aige/níl sé inmhaíte air*
he doesn't deserve it, *is neamh-airí air é*
as: I took the stick to him as he
deserved, *thug mé a cheart den bhata
dó*
get: he got no more that he deserved,
níorbh olc an diach dó é
little: little he deserved it, *b'olc an díol
air é*

well: he well deserved it, *ba é a dhóthain de dhiúité é*

DESIST see **ACCOUNT**

DESOLATION see **AROUND**

DESTROY crop: they destroyed the crops, *rinne siad sceanach ar na barra*

garden: they have destroyed the garden, *tá an gairdín ina fhoghail acu*

reputation: he destroyed her reputation, *chuir sé ó chion í*

s.a. **HOUSE (home)**

DESTRUCTION see **RUSH (headlong)**

DETER see **NOTHING**

DETERMINED he was determined to do it, *bhí sé mionnaithe/tiomanta é a dhéanamh*

push: he was determined to push his way through, *ba chúng fiacail leis nó dul tríd*

DETEST come: I have come to detest them, *tá mé gráinithe orthu*

DEVICE see **LEAVE¹**

DEVIL see **GO, INCARNATE, PULL, TEMPT**

DEVILMENT see **FULL**

DEVISE scheme: a scheme was devised to deal with it, *rinneadh intleacht air*

DEXTERITY see **FEAT**

DIARRHOEA see **BOTH (vomit), SUFFER**

DICKENS they are gone to the dickens, *tá an riach (imithe) orthu*

to go to the dickens, *dul in ainm phoillíní an diabhail/dul san anachain*

he's gone to the dickens, *thug an gabhar leis é*

let him go to the dickens, *cead an diabhail aige; bíodh an deach/an donas/an fheamainn aige*

to let something go to the dickens, *rud a thabhairt don deachú*

DIE¹ cow: the tune the old cow died of, *ceol an traonaigh sa ghort*

down: let that matter die down, *lig don scéal sin fuarú*

out: the old songs were dying out, *bhí na seanamhráin ag fuarú*

s.a. **INTENTION, RESIGN, SHOCK**

DIE² see **CAST**

DIFFER see **TASTE**

DIFFERENCE age: there's a difference in their ages, *tá aga aoise eatarthu*

make: what difference does it make to you? *nach tú atá caillte leis?*

no: there was no difference between them, *ní raibh ionga ná orlach eatarthu*

DIFFICULT see **POSITION**

DIFFICULTY see **FIND, WAY (out)**

DIFFIDENT see **ANSWER (back)**

DIRECTION ask: to ask directions to a place, *eolas áite a chur*

assemble: they assembled from all directions, *chruinnigh siad anoir agus aniar*

flee: they fled in all directions, *tháinig scaipeadh na mionéan/na n-éan fionn orthu*

hurl: they were hurled in all directions, *caitheadh soir siar iad*

scatter: they scattered in all directions, *chuaigh scalán iontu/scaipeadh soir siar iad*

groups were scattering in all directions, *an áit ba tiubh ba tanaí*

scurry: people were scurrying in all directions, *bhí na scoiteacha ann*

DIRT see **TREAT**

DISADVANTAGE get: trying to get each other at a disadvantage, *ag faire na faille ar a chéile*

place: he was placed at a serious disadvantage, *fágadh ar leathchois é*

put: he put me at a disadvantage, *fuair sé mo bhuntáiste*

take: to take him at a disadvantage, *éalang a fháil air/faill a bhreith air/a eall a ghabháil*

s.a. **ADVANTAGE**

DISAGREEABLE become: the day is becoming disagreeable, *tá an lá ag dul chun anaitis*

find: to find something disagreeable, *searbhas a bheith agat ar rud*

s.a. **TASK (over)**

DISAGREEMENT in disagreement with, *in earraid le*

they had a disagreement, *tháinig siad crosach ar a chéile*

DISAPPEAR everything: everything he had disappeared, *leáigh a raibh den saol aige*

foam: they disappeared like foam on the river, *tháinig leá chúr na habhann orthu*

food: the food disappeared, *chuaigh ceal sa bhia*

DISASTER see **HEAD**

DISCARDED to be discarded, *bheith sa ghearradh díobh*

DISCOMFIT to discomfit someone, *duine a bhaint dá lúdracha*

DISCONCERT to disconcert someone, *duine a bhaint amach as a chleachtadh*

DISCREET a discreet person, *béal ina chónaí*
  observation: be discreet in your observations, *ná feic a bhfeiceann tú*
  speech: to be discreet in your speech, *dídean a bheith agat ort féin; foscadh/fothain a bheith ionat*

DISCUSS discussing it, *ag teacht ina thimpeall*
  to discuss someone, *caoi/cóir a chur ar dhuine*
  begin: they began to discuss the state of the country, *tharraing siad orthu staid na tíre*
  event: discussing the events of the period, *ag teacht thar imeachtaí na linne*
  know: he was discussed even by those who never knew him, *chuaigh a gháir san áit nach ndeachaigh a chos*
  neighbour: discussing the neighbours, *ag léamh ar na comharsana*
  time: they had a great time discussing his letter, *bhain siad ceol as a litir*
  s.a. **AFFAIR**

DISEASE see **SUN (under)**

DISGRACE utterly: he's utterly disgraced, *níl tógáil a chinn aige*
  s.a. **REPROACH**

DISLIKE to take a dislike to something, *neamhthoil/snamh a thabhairt do rud; consaeit a ghlacadh le rud*
  to take a dislike to food, *gráiniú do/ar bhia*
  I found myself taking a dislike to him, *mhothaigh mé mé féin ag diúltú dó*
  to take an intense dislike to something, *dul chun domlais le rud*

DISPATCH I'll dispatch you, *mise an sagart uachta a bheidh ort*

DISPLAY see **TEMPER**

DISPORT please: he can disport himself as he pleases, *tá cead a rith is a léim aige*

DISREPAIR house: the house is falling into disrepair, *tá an teach ag dul chun anró*

DISRESPECTFUL disrespectful person, *srón gan urraim*

DISSATISFIED he is dissatisfied with himself over it, *níl sé istigh leis féin mar gheall air*

DISSOLUTE see **LEAD¹ (life)**

DISTANT see **SUPPOSE (related)**

DISTINCT see **SPEAK**

DISTORT fact: to distort facts, *an cam a chur ar an díreach*
  say: I won't distort what he said, *ní chuirfidh mé eitheach air*

DISTURB least: the bad news did not disturb him in the least, *níor chuir an drochscéal lá buartha air/níor bhain an drochscéala biongadh as*

DIVIDE see **EQUAL**

DO credit: it does you great credit, *is mór an clú duit é*
  enough: he couldn't do enough for us, *bhí anrud air linn*
  it will give you enough to do to carry that load, *oibreoidh sé thú an t-ualach sin a iompar*
  ever: it's all he ever does, *is é a fhor is a fhónamh é*
  half: don't do things by halves, *iomair an bád nó fág ar fad é*
  have: I won't have anything to do with it, *ní dhrannfaidh mé leis*
  I'll have nothing to do with your affairs, *tá mé bunoscionn ar do ghnóthaí*
  I had nothing to do with it, *ní raibh ladhar ná lámh agam ann*
  have nothing to do with that set, *ná bí mór ná beag leis an treibh sin*
  injury: he did himself a real injury, *thug sé drochshá dó féin*
  least: it's the least you might do, *is (é is lú is) gann duit é; is beag an obair lae duit é; sin é an saothar is lú duit; is beag an dualgas ort é*
  long: it won't do you long, *is beag an lón duit é*
  make: we made do with it for the night, *bhaineamar cothrom na hoíche as*
  make do with your share of it, *tar le do riar de*
  more: it's more than you can do, *tá sé thar d'fhoghail/ní dhéanfaidh do dhícheall é*

much: it was as much as he could do, *ba é lán a shnáithe é; fuair sé lán a chliatháin de; ba é a chloch nirt é; thug sé a sháith/a theannsáith le déanamh dó*

nothing: you do nothing but read books, *(is é) d'fhor is d'fhónamh (a bheith) ag léamh leabhar*
he is doing nothing today, *tá sé ina chónaí/ina thámh inniu*
I am better that way than doing nothing, *is fearr mar sin mé ná bheith i mo thámh*

please: he does what he pleases, *tá sé ligthe leis féin/tá pas a láimhe aige*
let him do as he pleases, *tabhair cead an bhealaigh/a chinn dó; tabhair a thoil féin dó*

something: everyone can do something for himself, *aimsíonn an dall a bhéal*

well: he is doing well at Latin, *tá sé ag breith leis sa Laidin*
he has done well by it, *tá a bharr go maith aige*

would: it wouldn't do to anger him, *ní fhóirfeadh sé fearg a chur air*
one of them would do me, *gheobhainn leor le ceann amháin acu*

s.a. **ANYTHING, AWAY, BEST, ENOUGH, GOOD (much), JUSTICE, UTMOST, WISH (good), WONDER**

DODGE see **VIE**

DOG vb. **luck**: to be dogged by ill luck, *pláinéad/tubaiste a bheith anuas ort; an mí-ádh a bheith ag rith/ag siúl leat*

misfortune: they were dogged by misfortune, *d'imigh mírath orthu*

s. **go**: he has gone to the dogs, *tá sé imithe ar faraor/ar an bhfaraor*

hair: to take a hair of the dog that bit you, *leigheas na póite a hól arís*

sleep: let sleeping dogs lie, *ná hoscail doras na hiaróige*

s.a. **ABUSE, CAT**

DOING own: it's your own doing, *ort féin a bhuíochas*

DOLE see **HELP**

DONE for: he was done for, *bhí (sé ar) a chrúibíní in airde*

with: let's get done with it, *caithimis tharainn é*
to get something over and done with, *aon lá amháin a dhéanamh ar rud*

s.a. **SAID, TASK (over)**

DOOR see **CALL**

DOSE see **DOUBLE**

DOUBLE a. **dose**: he got a double dose of original sin, *tá fuíoll baiste air*

adv. **sure**: to make doubly sure, *ar fhaitíos na bhfaitíos*

s. **your**: it was either you or your double, *tú féin nó do chosúlacht/do thaise a bhí ann*

s.a. **BEND**

DOUBT see **CAST**

DOUCHE see **CURE (laziness)**

DOWN foot: to put your foot down, *do chos a chur i bhfeac/i dtaca/i dtalamh/i dteannta*

get: to get down to work, *do dhroim a chromadh; feac na hoibre a chur ort féin*
he'll have to get down to it this time, *feacfaidh sé é féin an iarraidh seo*
to get down to something, *duais a chur ort féin le rud*
just as I was getting down to work, *i dtosach mo dhreasa*

heel: he is very down at heel, *tá a shála i bhfad siar*

look: to look down on someone, *súil a chromadh ar dhuine*

on: he is down on us, *tá sé anuas (sa mharc/sa tarr) orainn*

river: he'd sell you down the river, *dhíolfadh sé ar bord loinge thú*

shilling: I was a shilling down, *bhí mé scilling caillteach*

steady: steady them down, *cuir staidéar iontu*
he is steadying down, *tá sé ag titim chun céille*

tie: I'm tied down to this work, *tá buarach orm/tá mé i gcrapall ag an obair seo*

up: he has had his ups and downs, *chonaic sé an dá shaol/sochar agus dochar an tsaoil*

upside: place it upside down, *cuir béal faoi/ar a bhéal faoi é*
to turn everything upside down, *an t-íochtar a chur in uachtar*
they have turned the place upside down, *tá an áit síos suas acu*

s.a. **BEAT, BRING, COME, CUT (size), DIE[1], DRAG, GO, LET, PEG, SETTLE, TRAMPLE, WEAR**

DOZEN see **SIX**

DRAB drib: why are you pouring it in dribs and drabs? *cad é an tsiolgaireacht atá ort?*

DRAG away: it's hard to drag yourself away from the fireside, *is maith an t-ancaire an t-iarta*
 down: to drag down someone's reputation, *clú duine a cháibleáil*
 foot: he came dragging his feet, *i ndiaidh a chos a tháinig sé*
 out: to drag something out, *dul i bhfadscéal le rud/rud a chur i bhfadscéal*

DRAIN blood: the blood was drained from his cheeks with terror, *ní thabharfadh sé deoir fola le huamhan*
 dry: they're draining me dry, *tá siad do mo dhiúgadh*

DRAW blood: to draw blood from someone, *meadhg a bhaint as duine*
 in: draw in your leg, *cúb (chugat)/deasaigh do chos*
 out: to draw out a story, *scéal a righniú/strambán a dhéanamh de scéal/fad a bhaint as scéal*
 you're drawing it out, *tá tú róleabhair leis*
 s.a. **ATTENTION, CONCLUSION, HORN**

DREAM I wouldn't dream of doing it, *is fada a bheinn ag smaoineamh air*
 s.a. **NEVER**

DRESS kill: she was dressed to kill, *bhí sí gléasta go dtí na cluasa*
 nine: dressed to the nines, *gléasta go barr na méar*
 rag: he is dressed in rags, *níl air ach na crothóga*
 s.a. **BEST**

DRESSING-DOWN he got a dressing-down, *fuair sé a dheisiú*
 she gave him a (proper) dressing-down, *níor fhág sí thuas ná thíos air é; thug sí leasú na leidhbe/stiall den teanga/a chíoradh dó*

DRIB see **DRAB**

DRIFT see **APART**

DRINK see **BARGAIN, ENOUGH (taken), FILL, FORCE, FUDDLE, GOOD, HEAD, LASHINGS, MUCH (not), NEAT, OVERCOME, RELISH, SPEND, TAKE, WITHHOLD**

DRIPPING see **WET**

DRIVE beg: he will be driven to beg, *cuirfear i leith an mhála é*

crazy: they have driven me crazy, *tá mé tógtha ó lár acu; tá mé spadhartha/splanctha acu*
 they drove me crazy, *chuir siad mo chiall ar mo mhuin dom*

frantic: to drive someone frantic, *coilichín paor a dhéanamh de dhuine*

grave: it drove him to an early grave, *luathaigh sé chun na huaighe leis*

home: every nail driven home, *an uile thairne ina chodladh*
 to drive home the blow, *an buille a chur i bhfeidhm*
 s.a. **HOUSE (home), LAST (expedient), SIGHT, WILD**

DROP vb. **line**: he didn't even drop me a line, *níor chuir sé scríob chleite/scríob de pheann chugam*
 sleep: he dropped off to sleep, *d'éalaigh a chodladh air*
 s. **little**: there's only a little drop, *níl fliuchadh do bhéil ann*
 ocean: a mere drop in the ocean, *mún dreoilín san fharraige/cúnamh an dreoilín don fharraige*
 rain: drops of rain are falling, *tá sé ag biathú báistí*
 s.a. **AVERSE, TAKE**

DROWN see **ESCAPE**

DRUDGERY see **ENTAIL**

DRUNK blind: he was blind drunk, *bhí sé caoch ar meisce/bhí sé ar na stártha*
 dead: he was dead drunk, *ní raibh féith ná comhaireamh ann*
 mad: he was mad drunk, *bhí caobach/dúrúch óil air; bhí sé ar a dheargchaor/ar steallaí meisce*
 violent: he was violently drunk, *bhí sé ar na caora/ina chaor/ar a chaor le hól*
 s.a. **SOBER**

DRUNKARD see **IRREDEEMABLE**

DRY see **DRAIN**

DUMB see **STRIKE**

E

EACH see **FATE**

EAGER see **ADVANTAGE (take), READY**

EAGERNESS see **BETTER (get)**

EAR see **DECEIVE, ESCAPE, KEEP (open), PRICK, SHARP, SHUT, STORM, WALL, WHISPER, WORK, WRONG**

EARLY see **AFOOT, DRIVE (grave), STAGE**

EARN see **DEAR, KEEP, LIVING, SPEND**

EARNEST see **GO (about)**

EARTH see **COMMIT, WEEP**

EASE vb. **back**: ease your back, *tabhair faoiseamh do do dhroim*

off: the pain is easing off, *tá an phian ag fánú*

the rain eased off a bit, *tháinig uaineadh beag*

out: to ease something gently out, *rud a bhradú amach/leat*

up: they eased up a lot in training, *lig siad go mór as an traenáil*

s. **utmost**: with the utmost ease, *ar éascaíocht an tsaoil*

EAST see **VEER**

EASY alarm: aren't you easily alarmed? *nach ionat atá an scaoll?*

anger: he's easily angered, *tá sé gairid dá fhearg*

arouse: he's easily aroused, *tá lasán ann*

bleed: he bleeds easily, *bhainfeadh dealg spíonáin fuil as/is furasta fuiliú air*

do: it is not easy to do it, *ní haon ribín réidh é*

easy does it, *ní bhíonn tréan buan/is é an buille réidh is fearr*

fool: you'll not fool me easily, *ní dóithín réidh duit mise*

he is easily fooled, *is é an margadh réidh é*

go: go easy on the butter, *bí fabhrach ar an im*

impose: you are easily imposed upon, *is bog atá do chraiceann ort/a d'fhás an olann ort; is furasta craiceann a chur ar scéal/ar lao duit*

laugh: it's easy to make him laugh, *tá sé an-sprusach*

lead: you were always easily led, *bhí an bhoige riamh ionat*

life: they have an easy life, *tá sócúl an tsaoil acu*

you haven't an easy life, *níl clúmh le bhur n-adhairt*

he's taking life easy, *tá sé ag tabhairt a lánsaoil leis*

to take life easy, *an saol a chur thart*

move: he is easily moved to tears, *tá an deoir i ndeas don tsúil aige*

provoke: he is easily provoked, *tá straidhn ann*

satisfy: he is easily satisfied, *ní mór a dhóthain*

say: it's easy to say you will do this and that, *is réidh ag duine a theannfhocal a rá*

take: to take things easy, *ligean le do dhroim*

can't you take it easy? *nach ort atá an stró?*

take it easy, *tóg faoi bhun do chúraim é/beir ar do dheifir/beir fada air*

task: it is no easy task, *ní gan uidh gan óidh é*

way: the easy way out, *rith bodaigh le fána*

to take the easy way, *dul ar an tsaoráid*

if we had an easy way to cross the river, *dá mbeadh éascaíocht thar an abhainn againn*

s.a. **ACCOMMODATE, CARRY, CHARACTER (blacken), CIRCUMSTANCE, COME, DEAL, ENTER, EXPENSE (generous), MARK, UNDERSTAND**

EAT extra: I gave him something extra (to eat), *rinne mé dúthracht leis/uiríoll air*

face: to eat the face off someone, *lán do bhéil a bhaint as duine*

little: he eats little and often, *tá sé géarghoileach gan a bheith mórshách*

nothing: he has eaten nothing, *níl díol dreoilín caite aige*

refuse: the child is refusing to eat, *tá tormas ar an leanbh*

well: he likes to eat well, *tá sé go maith dá bholg*

what: what is eating him, *an rud atá ag cur/ag déanamh cancair air*

what is eating you today? *cad é an stainc atá ort inniu?*

work: you must work to eat, *is crua a cheannaíonn an droim an bolg*

s.a. **ANYTHING, CAKE, FILL, HOUSE (food), JOIN, PLENTY, RELISH**

ECONOMY see **SENSE**

EDGE vb. **away**: he edged away from us, *chaolaigh sé leis uainn*

s. **keep**: to keep someone on edge, *duine a choinneáil ar binb*

put: put an edge on the axe, *cuir béal sa tua*

raw: there's a raw edge to the day, *tá cuil fhuar ar an lá*

set: it set my teeth on edge, *chuir sé dioch/fuairnimh i m'fhiacla*

s.a. **WAY**

EFFECT my words had their effect on him, *chuaigh mo chuid cainte i bhfód air*
my words have no effect on them, *tá neamhthoradh acu ar mo chuid cainte*

  suffer: I'm still suffering from the effects of it, *tá a dheasca fós orm*

  take: the drink was taking effect on him, *bhí an deoch ag fearadh air*

EFFORT **miserable**: it was a miserable effort he made to defend himself, *is suarach a chuir sé ar a shon féin*

  no: he made no effort to find out about it, *níor chuir sé bonn ná lorg/tiaradh ar bith air*

s.a. **ALL-OUT**

EKE **existence**: to enable someone to eke out an existence, *an snáithe a choinneáil faoin bhfiacail ag duine*

ELBOW **power**: more power to your elbow, *sheacht mh'anam do shliseog*

ELIGIBLE he is not eligible (for marriage), *tá boladh dóite air/uaidh*

ELUSIVE he is most elusive, *rachadh sé isteach i bpoll an iarta (uait)*

EMOTION **speak**: he could scarcely speak with emotion, *bhí na focail á mbriseadh ina bhéal*

EMPTY **pride**: empty pride, *mustar gan ghustal*

  statement: an empty statement, *focal gan cur leis*

  word: empty words, *fuighle fáis/maíomh na mogall folamh/focail mhóra agus mogaill fholmha*

s.a. **STOMACH**

ENABLE see **EKE (existence)** , **LOOK (forward)**

ENCOURAGE see **SPEAK**

END vb. **never**: I thought the day would never end, *ba shíoraíocht liom an lá*

s. **bad**: he will come to a bad end, *beidh drochdheireadh air; tiocfaidh/gabhfaidh droch-chríoch air*

  hear: he'll never hear the end of it (until), *níl dul abhaile aige (go)*

  keep: to keep your end up, *buille a thabhairt as a chosaint/a sheachaint*

  resource: to be at the end of your resources, *bheith ar an tsálóg*

sorry: they came to a sorry end, *ba bhocht an íde a d'imigh orthu*

s.a. **MEET, RECRIMINATION, RUIN, STAND, TIME**

ENDURANCE see **SHOW**

ENDURE see **CURE**

ENEMY see **ROUT**

ENGAGE **combat**: to engage someone in single combat, *dul ar ghala aonair le duine*

ENJOIN to enjoin someone to do something, *nascadh ar dhuine rud a dhéanamh*
to enjoin something on someone, *rud a chur de bhreith ar dhuine*
he enjoined those things upon us, *d'fhág sé na fágálacha sin orainn*

ENJOY **day**: it is a day to be enjoyed, *lá dár saol é*
it's a fine day if one had some means of enjoying it, *tá lá breá ann dá mbeadh a dhath ag duine a shnáithfeadh sé leis*

  life: to enjoy life, *do lánsaol a thabhairt leat/ceol a bhaint as an saol*

  meal: he has enjoyed his meal, *tá a bholg ag gáire leis*

  self: to be enjoying yourself, *bheith ar do chraoibhín seamhrach/ar do chúilín seamhrach*

  year: he's enjoying his declining years, *tá fómhar beag na ngéanna aige*

ENMITY see **LET (rest)**

ENOUGH **do**: I have enough of it to do me, *tá déanamh mo ghnó agam de*

  fast: he can't get things done fast enough, *tá an fómhar ar leathadh air*

  feast: enough is as good as a feast, *más maith praiseach is leor dreas di/is maith (an tsáith) an mheasarthacht*

  have: I have had enough of this kind of work, *tá me tuartha den obair seo*

  near: he came near enough for me to recognize him, *tháinig sé in aitheantas dom*

  need: to have enough of something for your needs, *díol duine/tarraingt na láimhe de rud a bheith agat*
to provide enough for your needs, *díol do fhreastail a sholáthar*

  old: when he was old enough to fend for himself, *nuair a tháinig sé chun coinlíochta*

he is old enough to have sense, *níl óige ná amaidí air/ba chóir dó ciall a bheith aige feasta choíche*
he is old enough to get married, *tá sé in aois a phósta/tá aois a phósta aige*
when he was old enough to shave, *in am a bhearrtha*

restrain: there are enough of us to restrain them, *táimid líon a gcoiscthe ann*

sacrifice: he has sacrificed enough, *tá a dheachú íoctha aige*

taken: I have enough (drink/food) taken, *tá mo choisceadh caite agam*

s.a. **DO, GO (round), KEEP (going), LONG (dead), MEET (commitment), SUPPORT, TIME**

ENTAIL drudgery: it entails a lot of drudgery, *tá tiaráil mhór ag baint leis*
expense: it entails great expense, *leanann costas mór é*

ENTER easy: it's easier to enter into an agreement than to get out of it, *is fusa snaidhm a chur ná a bhaint*

ENVIABLE life: his life is not an enviable one, *níl a shaol inmhaíte air*

ENVY life: I don't envy him the life he leads, *ní mhaím a shaol air*

EQUAL divide: to divide something into two equal parts, *dhá leath droimscoilte a dhéanamh de rud*
find: his equal is not to be found, *níl a mheá le fáil*
footing: to be on equal footing with someone, *bheith bonn ar aon le duine*
fully: the other man is fully his equal, *tá an fear eile inbhuailte air/tá siad inchurtha le chéile*
occasion: he was equal to the occasion, *ba mhaith an mhaise dó é*
work: he is not equal to his work, *níl sé inchurtha lena chuid oibre*

EQUIPMENT proper: it's hard to work without proper equipment, *is olc a mheileann leathbhró*

ERRAND evil: you come to us on an evil errand, *is mallaithe do thoisc chugainn*
fool: fool's errand, *turas/toisc góidrisc*
to send someone on a fool's errand, *gogaille gó a dhéanamh de dhuine*

ESCAPE vb. ailment: you cannot escape minor ailments, *caithfear deachú na sláinte a íoc*

death: there's no escaping death, *níl dul i bhfolach ar an mbás*
drown: he narrowly escaped drowning, *dóbair go mbáfaí é*
ear: it cannot escape his ears, *cluinfidh sé ar an gcluas is bodhaire aige é*
life: he escaped with his life (from them), *thug sé na haenna leis/d'imigh sé lena anam (orthu)*
lucky: you were lucky to escape, *is maith a scar tú leis*
you were lucky to escape injury, *bhí tú maith go leor nár loiteadh thú*
manage: he managed to escape, *thug sé na sála leis*
nothing: nothing escapes him, *tá súile i gcúl a chinn aige*
skin: he escaped from them by the skin of his teeth, *d'imigh sé orthu ar inn ar ea*
unharmed: he escaped unharmed, *thug sé na beanna leis/thug sé a anam slán leis*
s. **narrow**: to have a narrow escape, *imeacht idir cleith agus ursain*
s.a. **ATTENTION, BLOCK**

ESCUTCHEON see **BLOT**

ESTABLISH vb. corner: they established themselves in every corner of the country, *níor fhág siad fód den tír nár shuigh siad*
a. **fact**: it is an established fact, *tá sé i bhfios agus i bhforas*

ESTATE man: he came to man's estate, *tháinig sé i gcainníocht fir*

ESTEEM high: he's held in high esteem, *tá urraim mhór dó*
though he is held in such high esteem, *tar éis a bhfuil de bhuaic os a chionn*
rise: he rose in my esteem, *mhéadaigh ar an meas a bhí agam air*

ETERNITY see **VIEW**

ETIQUETTE it is not etiquette, *tá sé in aghaidh béas/ní hé nós na cuideachta é*

EVADE issue: he is deliberately evading the issue, *is é seoladh/tionlacan an philibín óna nead aige é*
responsibility: to evade responsibility for something, *an púca a chur ó do theach féin*

EVE see **TIBB**
EVEN see **GET, SCRATCH**
EVENT see **DISCUSS, FORGET, MARK**
EVENTUALITY see **PREPARE**
EVER see **DO**

EVERY see **INCH, REASON**
EVERYBODY see **ALLEGE, GO**
EVERYTHING see **DISAPPEAR, FREE (cost), LAY (hand), PLENTY, SAY, SHARE, SIGHT (note), TELL (look)**
EVERYWHERE see **FOLLOW**
EVIL see **CAST (eye), ERRAND, INFLUENCE, WISH**
EXACT a. **story**: give us the exact story, *beachtaigh an scéal dúinn*
   adv. **cut**: cut it exactly in the middle, *gearr droimscoilte é*
   know: I don't know exactly, *níl fhios agam go barainneach*
   like: she is exactly like her mother, *is í a máthair go cruthanta í*
   tell: I've told it exactly as it was spoken, *d'inis mé duit é gan cor an fhocail a chur ann*
    can you tell exactly what he says? *an dtig leat beachtaíocht a bhaint as a chuid cainte?*
   s.a. **IMAGE, WISH**
EXAMPLE see **NEAT**
EXCEL to excel someone, *an geall a bhreith ar/ó dhuine; farasbarr a bhaint de dhuine*
   beauty: she excelled them in beauty, *rug sí barr áille orthu*
   class: he excelled me in the class, *bhuail sé amach mé sa rang*
EXCELLENT health: he has excellent health, *tá sláinte an bhradáin aige*
EXCHANGE see **BLOW**
EXCITED see **TALK**
EXCITEMENT see **RUSH**
EXCUSE vb. **remark**: I'll excuse you that remark, *ligfidh mé leat an focal sin*
   s. **coat**: he was not wearing a coat but an excuse for one, *ní cóta a bhí air ach comharthaí sóirt*
   find: to find an excuse for someone, *adhmad a thógáil de dhuine*
   knife: that excuse for a knife, *an tsiocair scine sin*
   need: all he needed was an excuse, *ní raibh uaidh ach an leathchead*
   s.a. **LAME**
EXERCISE bit: he's able to take a bit of exercise, *tá sé ag umhlóid thart*
EXERT to exert yourself at something, *duainéis a chur ort féin le rud*
   he didn't do it without exerting himself, *ní gan fios dá chnámha a rinne sé é*

to make someone exert himself, *dua a chur ar dhuine le rud*
don't exert yourself so much to do it, *ná faigh a leithéid de shaothar uaidh*
you never exert yourself unduly, *níor bhrostaigh do dheifir riamh thú*
EXHAUST after: I'm exhausted after the day's work, *níl preab ionam tar éis an lae*
   complete: I'm completely exhausted, *níl mé in ann cos a chur thar an gcos eile/tá mé cuachta*
   patience: they exhausted my patience, *chaith siad an fhoighne agam*
   strength: he exhausted his strength, *dhoirt sé a neart*
   utterly: I was utterly exhausted, *níor fágadh smeach ionam*
EXISTENCE see **EKE**
EXPECT foolish: it would be foolish to expect children to have sense, *is mairg a d'iarrfadh ciall ar pháistí*
   most: the man from whom people expected most, *an fear ar mhó dóigh daoine as*
   nothing: I'd expect nothing else from you, *ní dhlífinn a mhalairt díot*
   too much: don't expect too much, *ná cuir do shúil thar do chuid*
   well: he's doing as well as can be expected, *is leor dó a fheabhas*
   s.a. **BETTER (nothing), CEASE, HALF**
EXPECTATION she still has expectations, *tá sí ag brath ar na fir go fóill*
   to have good expectation of something, *rud a bheith ar feitheamh duit*
   it doesn't come up to expectations, *ní cathair mar a tuairisc í*
EXPEDIENT see **LAST**
EXPENSE generous: it's easy to be generous at another's expense, *is réidh stiall de chraiceann duine eile agat*
   live: to live at someone's expense, *teacht i dtír ar dhuine*
   s.a. **BEAR, ENTAIL, INVOLVE**
EXPERIENCE see **LEARN**
EXPLAIN see **CALL**
EXPOSURE see **TASTE**
EXPRESSION see **COMMON, USE**
EXTRA see **EAT**
EXTRAORDINARY he does extraordinary things at times, *tá sracaí aisteacha ann*
EXTREME see **MEASURE**

EYE between: he let him have it between the eyes, *thug sé faoi na fabhraí dó é/chaith sé faoi chlár na súile chuige é*
for: an eye for an eye, *cion sa chion*
sight: a sight for sore eyes, *leigheas ar shúile tinne*
s.a. **CAST, CATCH, CRY, DECEIVE, FIRE, FOLLOW, HEAD (pop), KEEP (open) (peel), LONG, OPEN, PAIN (smoke), SHARP, WIDEN, WIPE**
EYE-OPENER let that be an eye-opener to you, *déanadh sin do shúile duit*

F

FACE see **BLUE, CUT (nose), EAT, FLY, FORTUNE, SHOW, SUN, TROUBLEMAKER, TURN, VANISH**
FACT see **DISTORT, ESTABLISH, TAKE**
FACULTY possession: he is in full possession of his faculties, *tá sé i gcumas a chéille*
FADE see **NOTHING, PROSPECT (marriage)**
FAIL don't fail me, *ná ceiliúir orm*
health: my health is failing, *tá an tsláinte ag ceiliúradh orm*
s.a. **ATTEMPT, BEST (try), SIGHT, STRENGTH, UTTERLY**
FAILURE see **GIVE (up)**
FAIR see **ACT, BUTTER (word), CHANCE (get), MEANS, WORK (day)**
FAIRLY good: I am in fairly good health, *tá breacaireacht den tsláinte agam*
FALL vb. **behind**: he's falling behind with his work, *tá sé ag dul i ndiaidh a láimhe*
curse: the curse fell on him, *shil an mhallacht air*
foul: to fall foul of someone, *teacht crosta ar dhuine*
helpless: he fell helpless to the floor, *rinneadh pleist de ar an urlár*
neglect: to let something fall into a state of neglect, *rud a ligean chun siobarnaí/ar siobarnach*
night: the shades of night falling, *an gearrán bán ag dul ar scáth na copóige*

when the shades of night were falling, *nuair ba chomhshholas fear le tor*
stool: to fall between two stools, *léim an dá bhruach a chailleadh/bheith gan Mhurchadh gan Mhánas*
s. **bad**: he took a bad fall, *baineadh treascairt as*
pride: his pride took a nasty fall, *chuaigh an mórtas ina thóin dó*
s.a. **BACK, BIT, BREAK, DISREPAIR (house), DROP (rain), LIGHT¹ (snow), READY**
FALSE see **PRIDE**
FAMILY help: he has a family of sons to help him, *tá meitheal mac aige*
last: the last of the family, *díodar an chrúiscín*
s.a. **AFFAIR (interfere), SETTLE**
FANCY see **BEGIN**
FAR see **FINISH, GO, INFLUENCE, LEAVE¹ (behind), SPENT (morning), SPREAD, TRAVEL (lie)**
FASHION see **ANYTHING**
FAST see **BEAT, CARRY (leg), ENOUGH, MAKE (money), RAIN (gather), SPEND (earn), TRAVEL, WIND²**
FAT s. **fire**: the fat is in the fire, *tá an brachán doirte/an madra marbh/an sop séidte; tá an tine sa bharrach/ar an sop*
a. **get**: he is getting very fat, *tá sé (ag imeacht) ina chéis/ag spré ar an saol*
FATE vb. **each**: they were fated for each other, *bhí siad in áirithe dá chéile*
late: I'm fated to be late, *tá sé de bheith/de bhua orm a bheith déanach*
way: it seems he was fated to die in that way, *is cosúil go raibh an bás sin ina chomhair*
s.a. **ACCEPT, MEET**
FATHER like: like father like son, *cad é a dhéanfadh mac an chait ach luch a mharú/is dual athar dó é*
FATHOM see **NOBODY**
FAVOUR see **DEMAND, FORTUNE**
FEAST see **ENOUGH**
FEAT dexterity: a wonderful feat of dexterity, *tiontú cait ina chraiceann*
FEATHER see **LIGHT¹**
FEED see **CALL, HELP, VANITY**
FEEL benefit: you'll feel the benefit of that meal, *aithneoidh tú agat an béile sin*

grumpy: to make someone feel grumpy, *mosán a chur ar dhuine*

kick: I didn't feel the kick, *níor bhain sé béim asam*

loss: he wouldn't feel the loss of a pound, *ní ghortódh punt é*
it's not their loss I feel, *ní hiad is díth liom*

pity: he felt great pity on her account, *ghabh trua mhór ina timpeall é*

queer: I felt queer, *tháinig greannmhaireacht orm*

sore: that blow was sorely felt, *chuaigh an buille sin go heasna*

sorry: he sat there feeling sorry for himself, *bhí sé ina shuí ansin ag déanamh a ghearáin leis féin*

speak: I felt like speaking to him, *.thug/chuir mé in amhail labhairt leis*

though: he felt as though he were going to his death, *ba gheall lena bhás aige é*

way: feeling his way forward, *ag meabhrú/ag brath a shlí roimhe*

s.a. **BEGIN**, **PINCH**

FEELING   **no**: I have no feeling in my leg, *tá mo chos bodhar*

restrain: to restrain your feelings about something, *rud a iompar ort féin*

snow: there's a feeling of snow in the air, *tá mothánacht sneachta air*

vent: he gave vent to his feelings, *lig sé amach a lucht/a racht*

weird: to have a weird feeling, *diamhair a bheith ort*

s.a. **CONSIDERATION**, **WRING**

FELLOW   see **GREAT**

FELLOW-FEELING see **LITTLE**

FEND to fend for yourself, *bheith ar do scair féin/bheith taobh leat féin*
I can fend for myself, *tá mé ábalta mo chuid fiach a dhíol*
let him fend for himself, *treabhadh sé as a eireaball féin*

s.a. **ENOUGH (old)**

FIDDLE   **food**: he's only fiddling with his food, *níl sé ach ag méaraíocht ar a chuid*

FIDGETS he has the fidgets, *tá tinneas na circe air*

FIGHT see **CHALLENGE**, **COME**, **FUNK**, **KEEN**, **KEEP (from)**, **LEAD**[1], **NOTHING**, **OPEN**, **SET**, **SETTLE (nothing)**, **SPOIL**, **THREATEN**

FIGHTING see **MAD**

FIGURE see **DARK**

FILL   vb.   **house**: they'll fill the house with commotion, *tógfaidh siad an teach ó lár*

out: he's filling out well, *tá sé ag scinneadh amach go breá*
to fill out a story, *scéal a fhorlíonadh*
to fill out a statement, *spallaí a chur in abairt*

overflowing: the place is filled to overflowing with them, *tá an áit tuilte díobh*

palm: it would fill the palm of your hand, *tá leithead chroí do bhoise ann*

s.   **drink**: he drank his fill of it, *d'ól sé a choisceadh/a riocht de*

eat: he ate his fill, *líon sé a ghoile/a bholg/a spochán*

take: to take your fill of something, *do dhúlsáith a bhaint as rud*

FINAL   see **TEST**

FIND   **difficulty**: if you find yourself in difficulties, *má thagann ort*

hard: I found it hard to do the work, *chuir sé crua orm an obair a dhéanamh*

insipid: he finds it insipid, *is fuar a bhlas air*

liking: if you find it to your liking, *más sult leat é*

simple: they won't find me as simple as that, *níl mé chomh leamh sin acu*

strange: he'll find it strange to be alone, *beidh ainchleachtadh air a bheith leis féin*

take: we must take the world as we find it, *caithfear teacht leis an saol*
let's take life as we find it, *gabhaimis leis an saol mar a ghabhann an saol linn*

time: if you find time for it, *má bhíonn breith/eatramh agat air*

trace: there's not a trace of it to be found, *níl a luaith ná a láithreach ann/ní raibh aon phioc le fáil de, bán ná dearg*

trail: they found its trail, *chuir siad a bhonn*

s.a. **DISAGREEABLE**, **EFFORT (no)**, **EQUAL**, **EXCUSE**, **GOOD**

FINGER   **thumb**: his fingers are all thumbs, *tá sé faoi ordóga uile*

twist: she could twist him round her little finger, *dhéanfadh sí súgán de*

s.a. **BURN**, **LET (slip)**

FINGERTIP he has it at his fingertips, *tá sé i rinn aon mhéire aige*

FINISH that finished him, *níor chroith sé crúb ina dhiaidh sin*

complete: completely finished, *fíolta fálta fuirsithe*

far: as you've gone so far with it finish it, *ó loisc tú an choinneal loisc an t-orlach*

job: we have finished the job, *tá an giorria fiachta as an tor againn*

off: to finish off the meal, *an béile a léiriú*

they finished him off, *chuimil siad sop is uisce dó*

with: have you finished with it? *an bhfuil a chúram díot?*

touch: to put the finishing touches to something, *an clár binne/an dlaoi mhullaigh/an dlaíóg mhullaigh/an tslis mhín a chur ar rud*

FIRE vb. **forest**: any forest can be fired with its own kindling, *níl coill gan brosna a loiscfeadh í*

s. **eye**: his eyes flashed fire, *bhí faghairt ina shúile*

frying pan: out of the frying pan into the fire, *amach as na muineacha is isteach sna driseacha*

iron: you have too many irons in the fire, *tá an iomarca ar na bioráin agat/tá an dá iarann déag sa teallach agat*

stand: he stood with his back to the fire, *thug sé goradh cúl cos dó féin*

s.a. **FAT, SAVE**

FIRESIDE see **DRAG (away)**

FIRM see **HOLD (get), STAND**

FIRST see **ACQUAINTANCE (quarrel), COUSIN**

FISH see **BITE, DEPEND**

FIST hand: making money hand over fist, *ag mámáil airgid*

put: they were putting up their fists to one another, *bhí siad ag dódóireacht ar a chéile*

s.a. **ATTACK**

FIT[1] he does it in fits and starts, *tagann sé ina threallanna air*

FIT[2] see **LIVING (earn), PROPER**

FLASH pan: it's only a flash in the pan, *níl ann ach gal soip/rith searraigh*

s.a. **ANGER, FIRE (eye)**

FLEE see **DIRECTION**

FLEECE they have fleeced him, *bhearr siad é/chuimil siad go crua de/d'fhág siad ina chaora bhearrtha é/ghlan siad é/tá sé glanta acu*

FLING to have your fling, *ceol a bhaint as an saol*

last: there is still time for a last fling (before Lent), *tá beatha cearrbhaigh fós san Inid*

youth: youth will have its fling, *ní thagann ciall roimh aois*

FLOGGING he gave him a good flogging, *thug sé dualgas an tslisne dó*

FLOOD see **RECEDE, TEAR**[2]

FLUSH see **ANGER**

FLY vb. **face**: it's flying in the face of God, *tá sé tréasúil ar Dhia/ag gabháil ar bhéala Dé*

don't try to fly in the face of God, *ná bí ag iarraidh dúshlán Dé a thabhairt*

rage: he flew into a rage, *chuaigh sé sna firmimintí; d'éirigh sé chun feirge; bhí sé ag éirí de lár/de thalamh; rinneadh rothmhol corcra de; shéid sé na boilg/fuil sróine*

s. **ointment**: the fly in the ointment, *an breac sa bhainne*

FOAM see **DISAPPEAR**

FOLLOW everywhere: they followed us everywhere, *ní raibh scaradh acu linn*

eye: he followed me with his eyes, *bhí a dhá shúil i mo dhiaidh*

nose: let him follow his nose, *bíodh cead a shróine aige*

reputation: his reputation followed him, *cuireadh a chlú lena chois*

trade: to follow a trade, *imeacht/dul le ceird*

s.a. **SUIT**

FOND I grew fond of her, *thug mo chroí taitneamh di*

FOOD see **AGREE, CHANGE, DISAPPEAR, FIDDLE, GORGE, JUSTICE, HOUSE, LASHINGS, MUCH (take), RELISH, TASTE**

FOOL see **EASY, ERRAND, STOP, TREAT**

FOOLISH see **EXPECT, GO (majority), LOOK**

FOOT foremost: he was brought out feet foremost, *tugadh amach ar lorg a chos é*

good: it's good to see you on your feet again, *slán faoi d'éirí*

light: light of foot, *chomh héadrom/chomh héasca le gealbhan*

mess: don't mess up the house with your feet, *ná déan dramhaltach den teach*

spring: he sprang to his feet, *d'éirigh sé ina chuaifeach/de rúchladh*

stir: he didn't stir a foot, *níor chuir sé cor dá bhuarach*
 I wouldn't stir a foot to go with him, *ní rachainn trasna na troighe/fad mo throighe/ón troigh go dtí an tsáil leis*

wait: to wait hand and foot on someone, *duine a chur ó bhos go bos*

wrong: he was caught on the wrong foot, *rugadh amuigh air*

s.a. **CLEAN (lift)**, **DOWN**, **DRAG**, **PULL (in)**, **REST**, **SET**

FOOTING see **EQUAL**

FORAGE **forever**: he is forever on the forage, *is iontach an "bailigh chugam" é*

FORBIDDEN see **FRUIT**

FORCE **drink**: to force drink on someone, *ól a sháirsingiú ar dhuine*

hurry: to force someone to hurry up, *teann deabhaidh a chur ar dhuine*

way: you won't force your way into heaven, *ní bhfaighidh tú neamh le teann*

s.a. **ATTENTION**

FOREIGNER see **ALLY**

FOREMOST see **FOOT**

FOREST see **FIRE**

FOREVER see **FORAGE**, **GO**, **RUN (after)**, **SAY**

FORGET he is forgotten, *tá sé ar chúl éaga*

event: those events are forgotten now, *tá na cúrsaí sin marbh anois*

year: the forgotten years, *na blianta gan aird*

word: I forgot the words of the song, *chuaigh mé tríd an amhrán*

FORM vb. **opinion**: I formed an opinion (that), *thug mé tuairim (go)*
 to form a poor opinion of someone, *drochbharúil a thabhairt do dhuine*

smile: a smile formed on her lips, *tháinig fáthadh an gháire ar a béal*

sweat: beads of sweat formed on his forehead, *chruthaigh deora allais ar chlár a éadain*

s. **great**: he's in great form, *tá sé i Márta a trí/tá sé go horó*

shape: they are not to be had in any shape or form, *níl siad le fáil dubh bán ná riabhach*

FORT see **HOLD**

FORTH **back**: turning back and forth, *ag iompú agus ag barriompú*

hold: he was holding forth to us all night, *bhí sé ag ceartú dúinn ar feadh na hoíche*

FORTUNE **face**: her face is her fortune, *tá a spré i gclár a héadain*

favour: fortune has favoured you, *maith a ndearna an toice leat*

make: he thought his fortune was made, *shíl sé go raibh an mhuir théachta aige; shíl sé go raibh a chóta bán buailte/déanta*

tell: to tell someone his fortune, *fios a dhéanamh do dhuine*

try: she went to try her fortune, *chuaigh sí ar lorg a drúchtín*

FORWARD see **BRING**, **LOOK**

FOUL see **FALL**, **MEANS (fair)**

FRAMEWORK see **JOB**

FRANTIC see **DRIVE**

FREE **care**: he is free from all care, *níl muirín ná trillín air*

cost: he has everything free of cost, *níl cíos, íoc ná féarach air*

make: they make free of this house, *tá buannaíocht acu ar an teach seo*
 make yourself as free here as you would at home, *bí chomh teann anseo agus a bheifeá agat féin*
 to make free with someone, *bheith dána ar dhuine/le duine; dánacht a dhéanamh ar dhuine*
 I can't make free with these people, *níl teann agam ar na daoine sin*
 you can't make too free with him, *níl sé inbhearrtha*

opinion: don't be too free with your opinions, *ná haithris gach ní dá bhfeictear duit*

promise: he's free with his promises, *chuirfeadh sé thar an abhainn tirim thú/tá sé maith faoina ghealltanas*

rein: he gave himself a free rein, *lig sé scód/ceann sreinge leis féin*

talk: he is ready to talk freely, *tá sé ar ligean chun cainte*

turn: you can turn about freely here, *tá barriompú ag duine anseo*

s.a. **SPEND**

FREEZE **heron**: it would freeze the herons, *chonálfadh sé na corra*
nose: it would freeze the nose of you, *bhainfeadh sé an ghraidhp díot*
FRENCH see **LEAVE**[2]
FRENZIED to become frenzied, *dul le dúchas*
look: there was a frenzied look in his eyes, *bhí gealach ina shúile*
speech: he made a frenzied speech, *chuir sé dáir chainte de*
FRENZY **work**: working yourself into a frenzy, *ag borradh is ag at mar a bheadh cat i mála*
s.a. **ANGER**
FREQUENT see **HAUNT (old)**
FRICTION see **CAUSE**
FRIEND see **GENUINENESS**
FRIENDLY see **TERM, UNFRIENDLY**
FRIGHT **jump**: I jumped with fright, *tógadh ó thalamh/amach ón talamh mé*
to make someone jump with fright, *duine a thógáil as a mháithreacha*
life: he got the fright of his life, *chonaic sé Murchadh nó an tor ba ghiorra dó*
s.a. **MOUTH (heart)**
FRITTER you're frittering away your money, *tá tú ag meath do chuid airgid*
FRONT-SADDLE see **RIDE**
FROST see **TURN**
FRUIT **forbidden**: forbidden fruit is tempting, *bíonn nimh ar an aithne*
FRYING PAN see **FIRE**
FUDDLE **chatter**: you have fuddled me with your chatter, *tá mo cheann ina bholgán béice agaibh*
drink: he is fuddled with drink, *tá sé ina chiafart le hólachán/tá mearbhall dí air*
FULL **array**: in full (military) array, *idir chlaíomh agus each*
avarice: to be full of avarice, *scanradh chun an tsaoil a bheith ort*
come at: coming full at us, *ag teacht corp ar aghaidh orainn*
complete: completely full, *lán go poll an phaidrín*
devilment: he is full of devilment, *tá an drochrud (ina sheasamh) istigh ann*
hand: he has his hands full, *tá a dhá dhóthain/a dhá sháith le déanamh aige*

hatred: he is full of hatred, *tá sé dubh istigh*
month: a full month, *mí druidte*
sail: going full sail, *ag imeacht le rachmall seoil*
self: he is full of himself, *tá an-ghó/meas aerach faoi; is mór an lán atá faoi*
spite: he is full of spite, *tá an íorpais ina chroí*
stomach: to swim on a full stomach, *snámh iar sáith*
vigour: you are in the full vigour of your health again, *tá tú i do bhrín óg arís*
wile: he is full of wiles, *is iomaí cúinse ann*
s.a. **APPRECIATE, CENSURE, EQUAL, NEVER (recover), TRICK**
FULL-BODIED he is a full-bodied man, *tá lán na beilte ann*
FUMBLE **hurry**: too much hurry causes you to fumble, *as an deifir tig an driopás*
FUN **make**: don't make fun of him, *ná déan ábhacht air/ná bain spórt as*
poke: you are poking fun at me, *tá cuideachta agaibh orm*
where: where's the fun tonight? *cá bhfuil an gabhar á róstadh anocht?*
FUND **information**: he is a fund of information, *is mála eolais é*
knowledge: he has a great fund of knowledge, *is iomaí duilleog ina leabhar*
sense: he has a great fund of common sense, *tá cumhdach mór céille aige*
FUNK **fight**: to make someone funk a fight, *an cabha a chur ar dhuine*
FUNNY **world**: it's a funny world, *is tréitheach an saol é*
FURIOUS see **RIDE**
FUSS **about**: fussing about the place, *ag fuirseadh thall is abhus*
lot: he accepted it after a lot of fuss, *le cúinsí móra a ghlac sé é*
a lot of fuss over nothing, *glór mór ar bheagán cúise*
make: to make a fuss of someone, *adhnua a dhéanamh de dhuine*
she made a great fuss of me, *thóg sí an t-oró romham*
without: working without fuss, *ag obair go cúthail*

G

GAB see **GIFT**
GAIN see **ADVANTAGE, LOSE, NOTHING**
GAINER see **LABOUR**
GALLOP see **STOP**
GAME see **PLAY, TAKE**
GARDEN see **DESTROY, OVERLOOK**
GATHER see **LAY (hand), RAIN**
GAUNTLET see **RUN**
GAY see **LIFE**
GENEROUS see **EXPENSE, PREPARE**
GENUINENESS **friend**: to test the genuineness of your friends, *do chairde a dhearbhú*
GET **along**: to get along with someone, *cóstáil le duine*
  they're not getting along together, *níl siad ag treabhadh le chéile*
  getting along somehow, *ag baint lae as*
  we can get along without them, *bliain mhaith ina ndiaidh*
around: he gets around a lot, *is iomaí áit a mbíonn a thriall*
  it's hard to get around that argument, *is doiligh dul taobh thall den argóint sin*
  aren't you very anxious to get around! *tá siúl in bhur gcosa!*
  she's a woman who gets around, *is í an coisí mná í*
at: the damp has got at them, *tá gafa fúthu*
  it's you he getting at, *is leat atá sé*
  I would lift it if I could get at it properly, *thógfainn é dá bhfaighinn cothrom air*
away: there's no getting away from fate, *ní choisctear cinniúint*
  you won't get away with it, *ní rachaidh leat*
  don't let him get away (easily) with it, *ná lig (laglabhartha) leis é*
  you can't get away from it, *níl imeacht agat air/níl dul uaidh agat*
  don't let him get away, *ná lig as áit na mbonn é*
beyond: it's getting beyond me, *tá sé ag dul sa mhuileann orm*
bottom: to get to the bottom of something, *dul go dúshraith ruda/rud a chur le bonn*

cold: he got a touch of cold, *tháinig creathán slaghdáin air*
  I was getting recurrent colds, *bhí an slaghdán ag athchasadh orm*
done: he was unable to get it done, *chuaigh sé ó dhéanamh air*
even: I'll get even with you, *bainfidh mé cúiteamh asat/cuideoidh mé leat/bainfidh mé a shásamh sin asat*
going: to get going, *crú a chur ina thosach*
  now that I have got going, *anois ó tá mé luite chuige*
  when he gets going he cannot be stopped, *nuair a bhaineann sé amach ní féidir é a stopadh*
hang: I hadn't got the hang of his speech, *ní raibh mé istigh ar a chuid cainte*
help: you'll get no more help from him, *tá deireadh agat lena chabhair*
hot: he is getting hot and angry, *tá sé ag téamh ina chuid fola/ina chraiceann*
  matters are getting hot between them, *tá an scéal ag dul chun teasaíochta eatarthu*
idea: don't get the idea (into your head) that, *ná samhlaigh/ná tóg chugat féin (go)*
  to get the wrong idea about something, *éaduairim a bhaint as rud*
into: whatever got into him, *cibé daol a bhuail é*
  don't get it into your head to do such a thing, *ná tagadh aon teidhe duit a leithéid a dhéanamh*
late: it is getting late, *tá sé ag crónú chuige/ag dul chun deireanais; tá an deireanas ag teacht*
  it's getting rather late, *tá sé i leith na déanaí*
like: you would get to like them, *thiocfadh bá agat leo*
move: get a move on, *cuir bealadh faoi d'ioscaidí; bog do chos/do lámh*
near: I can't get near it, *níl aon ghaobhar agam air*
off: he got off lightly, *d'imigh sé i gcóiste/is beag an cháin a rinneadh air*
old: getting a bit old, *ag dul i leith na haoise*

old-looking: he is getting old-looking, *tá sé ag titim san aois*

on: how did you get on? *conas a chuaigh duit?*

I got on very badly with them, *is dona mar a chaith mé mo bheart ina measc*

time is getting on, *tá an bhliain/an ghrian/an lá ag ársú*

he is getting on in years, *tá sé ina bhog-sheanduine/tá seithe righin air/tá tonn mhaith dá aois caite/tá tonn mhaith aoise aige*

get on with your work, *bain an builín ó d'ascaill/teann leis an obair*

he has got on well in the world, *is mór a bhorr sé*

he's not getting on in the world, *níl éirí an tsaoil leis*

he wants to get on in the world, *tá scóip faoi*

out: did you get out the nail? *an bhfuair tú leat an tairne?*

get out, *bíodh an taobh amuigh agat*

let's get out of here, *chugainn amach as seo/déanaimis as seo*

tell him to get out of here, *fógair amach as seo é*

you got out of keeping your promise, *tháinig tú as do ghealltanas a chomhlíonadh*

he got out of paying his share of the money, *chuaigh sé óna scair den airgead a íoc*

get out of my way, *chugat as mo bhealach/glan as mo líonta*

over: you'll get over it, *tiocfaidh tú uaidh/níl bás ná beagshaol ort*

what I can't get over is (that), *is é rud atá do mo mharú (go)*

I haven't quite got over my illness yet, *níl mé saor ón tinneas go fóill*

I got over that illness, *chuir mé an tinneas sin díom*

if I manage to get over this incline, *má sháraím an mhala seo*

reputation: that was the reputation he got, *sin an cháil a cuireadh air*

stuck: they got stuck into one another, *thosaigh an stealladh eatarthu*

he got stuck for want of help, *fágadh é de dhíobháil cuidithe*

through: you have got through a lot of work, *tá strácáil mhaith déanta agat*

trouble: he will get into trouble, *cuirfidh sé é féin in angaid*

wife: he got himself a good wife, *shroich sé sonuachar dó féin*

wind: to get wind of something, *cogar scéil a fháil*

the priest got wind of it, *chuaigh sé i gcluasa an tsagairt*

worst: to get the worst of something, *an drámh a bheith ort*

s.a. **ASK, ATTENTION (son), BARGAIN (for) (worst), BETTER, BLAME, CHANCE, CHANGE, DESERVE, DISADVANTAGE, DONE (with), DOWN, GIVE (good), GRIP (cold), HOLD, HOLD (on), READY, RID, SACK, TASTE**

GHASTLY see **LOOK**

GHOST see **BELIEVE, GIVE (up)**

GIFT gab: he certainly has the gift of the gab, *mura bhfuil geab aige castar leis é*

spoil: to give grudgingly is to spoil the gift, *is beag de mhaith an mhaith a mhaítear*

GIST to give someone the gist of something, *rud a chiallú do dhuine*

the gist of the matter is (that), *is é a shuim (go)*

GIVE vb. **air**: he gave himself airs, *chuir sé cumaí móra air féin*

at: I was giving at the knees, *bhí na hioscaidí ag lúbadh fúm*

away: the boots gave him away, *rinne na bróga scéala air*

he gave himself away, *dhíotáil sé é féin*

she gives nothing away, *cat bradach a gheobhadh brabach uirthi*

good: I gave him as good as I got, *mar a thomhais sé chugam thomhais mé chuige*

if they fight us we'll give as good as we get, *má throideann siad linn ní bheidh acu ach a leath*

heat: to make a fire give out more heat, *tine a ghéarú*

help: to give someone a helping hand, *lámh a chur i maide duine/teanntú le duine*

pretending to give a helping hand, *lámh ag bualadh agus lámh ag tarrtháil*

he's not able to give much help yet, *níl sé i gcoinlíocht fós*

ins and outs: to give the ins and outs of a story to someone, *scéal a cheartú do dhuine*

leap: his heart gave a leap, *bhíog a chroí air*

out: you are always giving out to me, *tá tú ar fad ag fógairt orm*
he started to give out to me, *shéid sé orm*

over: he was given over to death, *dílsíodh don bhás é*

start: he gave a violent start, *baineadh an dúléim as*

thought: I gave thought to it, *chaith mé meabhair leis/ghlac mé staidéar leis*

trouble: to give yourself the trouble of doing something over again, *athobair a chur ort féin le rud*

up: the doctors gave him up, *thóg na dochtúirí de*
I gave up all hope of him, *bhain mé deireadh dúile/mo dhóchas de*
I gave him up as a failure, *bhain mé dúil dá rath*
he gave up the ghost, *d'éalaigh an t-anam as/stiúg sé*
he had given himself up for lost, *bhí coinne déanta lena anam aige*

way: to give way to anger, *fearg a dhéanamh*
the bank gave way under me, *bhris an bruach liom*
the ladder will give way under you, *stangfaidh an dréimire fút*
the sod gave way under my foot, *thug an fód faoi mo chosa*

worry: I'll give you something to worry about, *cuirfidh mé fail ort*

s. **shoe**: there's no give in these shoes, *níl umhlóid ar bith sna bróga seo*

s.a. **BEST, CHANCE, DO (enough), EAT (extra), LITTLE, OFFENCE, SLIP, START (head)**

GLAD I was more than glad to get a cup of tea, *ba bhuí bocht liom cupán tae a fháil*
s.a. **NEWS, RID**

GLANCE see **STEAL**

GLIMPSE see **CATCH**

GLOAT to gloat over someone, *an bhinnbharraíocht a bheith agat ar dhuine*

GLORY see **NOTHING**

GLOSS to gloss over something, *an plána mín a chur ar rud*

GO vb. **about**: they're going about the race in earnest, *tá siad ag díriú amach ar an rás*
there is a rumour going about, *tá ráfla á reic*

blazes: he told them to go to blazes, *thug sé a gcorp don fhear thíos*

by: I am only going by report, *níl agam ach ráiteachas*

devil: he's gone to the devil, *thóg an diabhal leis é/d'imigh an diabhal air*
tell them to go to the devil, *fógair/tiomain don diabhal iad*

down: the swelling is going down, *tá an t-at ag spealadh*

everybody: everybody in the locality goes to that shop, *tá tarraingt na dúiche ar an siopa sin*

far: to make something go far, *rud a chur i bhfad*
a pound doesn't go very far, *ní mór an teilgean punt*

for: they went for each other, *d'éirigh siad chun a chéile/chuaigh siad i gcuircín a chéile*

loss: to let something go to loss, *rud a ligean ar failléan*
we let the day go to loss, *ligeamar an lá ar ceal*
my work is gone to loss, *tá mo chuid oibre (curtha) i bhfaighid*

majority: to go with the foolish majority, *dul faoi uisce an cheatha*

near: he ordered me not to go near the house, *d'fhógair sé an teach orm*

nice: to have things going nicely, *rudaí a bheith faoi chiúir agat*

off: don't go off with the idea that I'm angry, *ná beir leat go bhfuil fearg orm*

on: he's going on forty, *tá sé ar ghob an daichid*
it's something to be going on with, *is maith é le cur ina cheann*
I don't know what's going on in the world, *níl scéal úr ná seanscéal agam*

please: let him go as he pleases, *tá Éire fada fairsing aige*

quiet: going quietly along the road, *ag bradú na slí*

round: there's not enough to go round, *níl díol a roinnte ann/níl cuid (na) ranna ann*

show: which goes to show you must be cautious, *dá bhrí/dá chomhartha duit gur cheart do dhuine a bheith faichilleach*

smooth: everything is going smoothly with us, *tá gach aon rud ar sheol na braiche againn*

well: everything is going well with him now, *tá sé á fháil leis anois/tá sruth is gaoth leis/tá an saol ar aghaidh boise aige*

with: to go with an attire, *de bhiseach ar fheisteas*

wont: where I was wont to go, *mar a mbíodh mo thrácht*

s. **drink**: he drank it at one go, *d'ól sé as cosa i dtaca é*

forever: he is forever on the go, *tá an diabhal ina chosa*

have: we had a go at the work, *thugamar péac faoin obair*

s.a. **ALL-OUT, BEGINNING, COME, DICKENS, DOG, EASY, HEAD (drink), LET, SLOW, TOUCH, WALL (weak), WASTE, WILD**

GOD see **MARK (save), MERCY, REGARD**

GOING see **GET, KEEP**

GOOD age: he's a good age, *tá a chúlfhiacla curtha go maith aige*

any: if you were any good you'd have claimed your rights, *is beag an tsuim thú nár éiligh do cheart*

drink: take a good drink of it, *bain tarraingt do chinn as*

find: you're good at finding things, *is maith an sealgaire thú*

for: good for you!*fáinne óir ort! mo ghrá i gCaiseal thú!*

hard: I gave it to him good and hard, *thug mé dó é faoina líon séasúir*

measure: to add something for good measure, *rud a thabhairt mar thuilleadh*

mile: an inch is as good as a mile, *ní fearr Éire ná orlach*
a miss is as good as a mile, *ní dheachaigh dóbair riamh in abar*

not: his work is not too good, *níl bulaíocht ar bith ar a chuid oibre*

nothing: the boy is good for nothing, *is é an buachaill bruite é*

repair: it is in good repair, *tá sé ar deis is ar dóigh*

small: good goods in small parcels, *mura bhfuil sé toirtiúil tá sé tairbheach*

stuff: there's good stuff in him, *tá an t-inneach ann*

time: in his own good time, *ar a mhithidí féin*

wonderful: it is wonderfully good of you to do it, *is é na fearta féile duit é*

word: he was as good as his word, *chuir sé lena fhocal*

s. **much**: a few pounds won't do much good, *is beag an éifeacht cúpla punt*

no: he is up to no good, *tá drochimeacht/drochsheoladh faoi; is olc na feánna atá faoi*
he came to no good, *tháinig drochimeacht air*
it looks as if he'll come to no good, *tá drochthuar faoi*
she can get no good out of him, *ní thig léi ceart ar bith a bhaint de*

take: to take the good out of something, *an smior chailleach a bhaint as rud*
to take the good out of a story, *scéal a spochadh*

s.a. **ACT (advice), ATTEMPT, BREED, CATCH, DO, EXPECTATION, FAIRLY, FOOT, GIVE, HARM, HEAD (shoulder), JOB, LIVING (accustomed), NEVER, NOTHING (say), PROMISE, TERM, WISH, WORD (say)**

GOODNESS see **RELY**

GOOSE cook: your goose is cooked, *tá do bhacán sáite*

GORGE food: to gorge yourself (with food), *anspás a dhéanamh (ar bhia)/forlíonadh a dhéanamh ort féin*
he was gorged with food, *bhí a bholg ar a chúinne aige/bhí a lucht ite aige*

GOSSIP given: to be given to visiting and gossiping, *bheith tugtha do na botháin*

stop: stop your gossiping, *lig de do startha*

subject: I wouldn't like to be the subject of their gossip, *níor mhaith liom mé a bhéalrú eatarthu*
he has become the subject of common gossip, *tá sé tógtha i mbéal*

GRACIOUS see **SEND-OFF**

GRANTED see **TAKE**

GRASP meaning: to grasp the meaning of his words, *ciall a bhriathra a ghreamú*

mentality: it's hard to grasp his mentality, *is deacair dul amach ar an intinn atá aige*

throat: to grasp someone by the throat, *dul sa gháilleach ag duine*

GRAVE see **DRIVE**

GREAT benefit: it's not a great benefit, *is glas a shú/is suaill a thairbhe*

fellow: he's beginning to think himself a great fellow, *tá méadaíocht ag teacht ann*

they say he's a great fellow, *tá sé ina lán béil acu*

hurry: he is in a great hurry today, *tá leathadh ladhrach air inniu*

he was in a great hurry to be off, *bhí sciatháin air ag imeacht*

isn't he in a great hurry to be off? *nach mór an sifín siúil/an stáir atá faoi?*

loss: his death is a great loss to them, *is danaid dóibh a bhás*

it's no great loss, *is beag an bhris é/déanfar dá uireasa*

s.a. **BLOW, DEAL (money), DEMAND, DISCUSS (time), FORM, JOB, MISFORTUNE, PACE (go) (work), RUSH, SPEED (go) (work), UNTHANKED**

GREEDY see **HELP**

GREEN wig: there'll be wigs on the green, *beidh bairéid ar iarraidh/beidh lig amach mo ghruaig ann*

GRIEVOUS you have done a grievous thing, *is dubh ar d'anam é*

GRINDSTONE nose: he has his nose to the grindstone, *tá sé faoi dhaoirse na gcorr*

GRIP cold: the cold has got a grip on him, *chuaigh an slaghdán i bhfeadánacht ann; tá an slaghdán i ndaingean ann/ina chrioslaigh*

death: he's in the grip of death, *tá cuisle ag an mbás air*

GRIST mill: bringing grist to your own mill, *ag cur abhrais ar do choigeal féin*

GROPE to grope for something, *rud a chuardach faoi do dhoirne*

s.a **DARK**

GROUND hard: they churned up the hard ground, *rinne siad bogán den chreagán*

solid: since you are on solid ground, *ós tú atá ar an mbonn daingean*

trample: they'd trample us into the ground, *dhéanfaidís dramhaltach dínn*

s.a. **DANGEROUS, PREPARE**

GROW out of: he has grown out of his coat, *tá an cóta séanta aige*

rapid: he grew rapidly, *an méid nach mborradh an lá de bhorradh an oíche/thug sé léim an oirc*

tall: he is growing remarkably tall, *is gairid go mbuaile sé a cheann ar an spéir*

worse: the pangs grew worse, *ghéaraigh ar na harraingeacha*

youngster: that youngster will grow, *tiocfaidh as an malrach sin*

GRUDGE see **GIFT (spoil), HOLD, NOBODY, TAKE**

GRUMPY see **FEEL**

GUARD vb. **prudent**: to guard yourself prudently against evil, *tú féin a iongabháil ar an olc*

speech: he was guarded in his speech, *bhí sé ag tomhas na bhfocal*

s. **on**: be on your guard, *bí ar do phionsa*

off: he was caught off his guard, *rugadh air ar a mhíthapa*

to get someone off guard, *duine a fháil ar bóiléagar/ar faill*

GUESS see **MAKE**

GULLIBLE see **THINK**

GULP see **SWALLOW**

GUN see **LEVEL**

H

HABIT bad: to give a colt a bad habit, *bromach a thabhairt chun ainchinn*

become: if you keep at it it will become a habit, *má leanann tú de, leanfaidh sé díot*

get into: don't get into the habit of swearing, *ná cleacht duit féin a bheith ag eascainí*

make: don't make a habit of being late, *ná bí tugtha do bheith déanach*

HAIR see **DOG, PULL (along), STAND (end)**

HALF expect: to be half expecting someone, *gearrshúil a bheith agat le duine*

mind: to have half a mind to do something, *rud a bheith ar leathintinn agat*
skill: skill is half the work, *den obair an t-eolas*
s.a. **DO, MIND**
HAND **hollow**: in the hollow of my hand, *ar chroí mo bhoise/i gcúl mo dhoirn*
  in: I have it in hand, *tá sé ar na bioráin agam*
  knee: walking on his hands and knees, *ag siúl ar a dhearnana*
  no: to take no hand in something, *bheith neamhpháirteach i rud*
  out of: to get out of hand, *dul chun cearmansaíochta*
  try: to try your hand at something, *poc a thabhairt do rud*
  use: which hand do you use? *cá bhfuil do dheis/cén deis (a bhfuil) tú?*
  s.a. **ANYTHING (better), BOTH, FIST, FOOT (wait), FULL, GIVE (help), LAY, TURN**
HANDLE **adroit**: to handle the matter adroitly, *an scéal a ainliú*
  patient: she's very patient in handling children, *tá stuaim aici le páistí*
  s.a. **AFFAIR**
HANDSHAKE see **ROUND**
HANDSOME that girl is getting handsomer all the time, *tá an cailín sin ag breáthú léi*
  s.a. **TREAT**
HANG see **GET**
HAPPEN **know**: I happen to know someone who would do it, *tá mé in eolas duine a dhéanfadh é*
  s.a. **JUST, MATTER (no), NEVER**
HAPPY see **LOT**
HARD **work**: to work someone hard, *an craiceann a théamh ag duine*
  he is hard at work, *tá sé ar a dhoirníní ag obair*
  s.a. **BEAR, BLAME, FIND, GOOD, GROUND, LIFE, LIVING (work), MATTER (no), PERSUADE (try), PLEASE (both), PULL, RIDE, SWALLOW, TIME, WEAR**
HARDLY see **HOLD (together), RESTRAIN (from)**
HARD-PRESSED see **RUSH**
HARDSHIP see **TEST**
HARE **raise**: raising hares, *ag cur míolta buí i gcoraíocht*

HARM what harm is it doing you? *nach creachta atá tú leis?*
  the harm is done, *tá an bainne/an brachán doirte*
  a poor fellow who did neither hurt nor harm, *créatúr nár choirigh is nár cháin*
  it does more harm than good, *is mó an t-olc ná an tairbhe é*
  s.a. **MEAN, SAY, UNDO**
HARP to keep harping on something, *seanbhailéad a dhéanamh de rud*
  he's always harping on the same tune, *is é píobaire an aon phoirt é*
HARSH see **DEAL, TREAT**
HARVEST see **SAVE**
HASH **make**: you have made a hash of it, *tá sé ina bhrachán/ina chocstí agat; tá cusach déanta agat de; tá an t-im tríd an mbrachán agat*
  settle: I'd settle his hash for him, *d'fhágfainn an mhala ar an tsúil aige*
HASTE it shouldn't be done in haste, *níor bheite a bheith grod leis*
HAT **knock**: to knock someone into a cocked hat, *gillire/file caoch a dhéanamh de dhuine*
  under: keep it under your hat, *coinnigh faoin duilleog é*
HATCHET **helve**: to throw the helve after the hatchet, *an phingin a chaitheamh i ndiaidh an phuint*
  s.a. **BURY**
HATE they made us hate the place, *chuir siad gráin na háite fúinn*
HATRED see **FULL**
HAUNT vb. **place**: they are haunting the place, *tá an áit ina leaba dhearg acu*
  s. **old**: he's beginning to frequent his old haunts, *tá sé ag teacht abhaile ar a dhúchas*
HAVE see **DO, ENOUGH, GO, LIFE, NOTHING, PERMIT, STRAIGHT, WAY (own)**
HAVOC see **PLAY**
HEAD vb. **disaster**: he is heading for disaster, *tá sé ar bhealach a bhasctha/ag triall chun na tubaiste*
  into: head them into the gap, *cor isteach sa bhearna iad*
  off: to head off an animal, *ainmhí a cheapadh*

s. **drink**: the drink went to his head, *d'éalaigh an braon air/d'éirigh an deoch ina cheann*

heel: he was thrown head over heels, *caitheadh thar a chorp é*

incline: he inclined his head to listen, *chuir sé sleabhach/stuaic air féin ag éisteacht*

over: to go over someone's head, *dul/teacht ar bhéal/ar bhéala duine*

pop: his eyes were popping out of his head, *bhí gliomóga ar a shúile*

screw: his head is screwed on the right way, *tá an chúiléith i bhfad siar aige*

shoulder: he stood head and shoulders above them, *bhí an ceann is na guaillí aige orthu*

he has a good head on his shoulders, *is breá an teilgean cinn atá aige*

tongue: keep a quiet tongue in your head, *coinnigh do theanga díomhaoin*

s.a. **BOTHER, GET (idea) (into), SPIN, START, SWIM, TURN**

HEADACHE see **VIOLENT**

HEADLONG see **RUSH**

HEAL see **REST**

HEALTH see **DEPEND, EXCELLENT, FAIL, FAIRLY (good), FULL (vigour), RELY**

HEAP see **KNOCK**

HEAR see **ANYWHERE, BELIEVE, END**

HEART very: it went to my very heart, *ghoill sé orm go linn bhuí na gcaolán*

s.a. **BREAK, CROSS, CRY, LIGHT¹, MOUTH, RUE, WARM (to)**

HEAT see **BRING (rain), GIVE**

HEAVEN see **HIGH, OPEN**

HEAVY see **BEAR (up), LIE¹, SHARE**

HEED see **PAY**

HEEL hunt: in the heel of the hunt, *as deireadh na cúise/as a dheireadh/le gach uile údramáil*

take: he took to his heels, *bhonnaigh sé; bhain/thug sé na boinn as; leag sé ar na boinn*

s.a. **BRING, DOWN, HEAD**

HEIGHT the dispute was at its height, *bhí an chonspóid ina teas*

HELP vb. **feed**: it doesn't help to feed me, *ní dada ar mo phláta é*

greedy: to help yourself greedily to proffered food, *anlathas a dhéanamh ar bhia*

laugh: I couldn't help laughing, *d'imigh an gáire orm*

like: we can't help being like that, *fágadh an bua sin orainn*

self: help yourselves to the food, *cuirigí chugaibh an bia*

sit: he has to be helped to sit up in the bed, *tá sé ar tógáil sa leaba*

s. **children**: the children will soon be a help to him, *is gearr go mbeidh a chlann ag fearadh air*

dole: to dole out help to someone, *deoladh a choinneáil le duine/géillín a thabhairt do dhuine*

s.a. **CARRY, FAMILY, GIVE, SLOW**

HELPLESS see **BEAT, FALL**

HELTER-SKELTER see **RUN**

HELVE see **HATCHET**

HERON see **FREEZE**

HIDE¹ see **PERSON**

HIDE² see **WARM**

HIDING he got a good hiding, *buaileadh leithead a chraicinn air*

to give someone a hiding, *dromadaraí a bhualadh/fuimine farc a ghabháil ar dhuine*

HIGH heaven: to praise someone to high heaven, *duine a mholadh go cranna neimhe/na gréine/na spéire*

low: high up or low down, *in ard nó i bhfána*

they came both high and low, *tháinig siad ina gcipí agus ina gcóistí*

mighty: isn't he a bit high and mighty? *nach air atá an teaspach?*

they are getting high and mighty, *tá siad ag dul chun uabhair*

opinion: he has a high opinion of himself, *tá sé barúlach/tuairimiúil de féin; tá an mór is fiú ann*

pile: he piled it up high, *chuir sé maoil is cruach air*

spirit: he is in high spirits, *tá barr a chroí aige/tá sé i mbarr na gceirtlíní geala/tá sé ag caitheamh a thóna*

time: it was high time for him, *tháinig sé de mhitheas dó/ba mhithid dó*

s.a. **ESTEEM, PRICE**

HILLS old: he's as old as the hills, *tá aois Mhurchaidh is Mheanchair aige*

HINDER see **NOTHING**

HIT see **RESTRAIN**

HITHER see **PURPOSE (no)**

HOIST petard: he was hoist with his own petard, *bhain sé slat a sciúr é féin*

HOLD vb. **against**: don't hold that statement against me, *ná hagair an focal sin orm*

it would be held against me, *bheifí á mhaíomh orm*

baby: I was left holding the baby, *fágadh mise i mbun an bhacáin*

back: what is holding me back, *an rud atá ag déanamh toirmisc dom*

breath: he held his breath, *ghabh sé ar a anáil*

fort: I was left to hold the fort, *fágadh cosaint an átha orm*

grudge: he's holding a deep grudge against us, *tá léan istigh aige dúinn*

much: that's as much as it will hold, *is é sin a lucht*

on: he holds on to what he gets, *tá crúb ar a chuid aige*

own: he held his own against them, *thug sé leath uathu/bhain sé ceart díobh/sheas sé a chuid féin orthu*

he's well able to hold his own, *is maith an pionsaíoch é*

peace: he held his peace with them a long time, *d'éist sé i bhfad leo*

together: he can hardly hold himself together, *níl fuineadh ná fáscadh air/níl ann ach go bhfuil sé i ndiaidh a chéile*

tongue: to hold your tongue, *do theanga a chostadh/scáth a bheith agat ar do theanga*

water: land that holds water, *talamh a bhfuil dúilíocht uisce ann*

s. **get**: where did you get hold of it? *cár éirigh sé leat?*

the disease has got a firm hold on him, *tá an aicíd go domhain ann*

if fear gets hold of them, *má thosaíonn an eagla leo*

keep: to keep a tight hold on one's money, *príosúnach a dhéanamh den phingin; an corda/an tsreang a choinneáil ar an spaga*

slippery: a slippery hold, *lámh in earr eascainne*

take: the disease took a hold on him, *dhoimhnigh an aicíd ann*

s.a. **ESTEEM (high)**, **FORTH**, **LET**, **SENSE**

HOLLOW see **HAND**

HOLY see **TERROR**

HOME **before**: to get home before sundown, *an ghrian a thabhairt abhaile leat*

truth: to tell someone home truths, *fios a thréithe a thabhairt do dhuine*

s.a. **BRING**, **DAYLIGHT**, **DRIVE**, **HOUSE**, **MAKE (for)**, **PUT (together)**, **WANDERING**

HOMELESS wanderer: he's a homeless wanderer now, *tá fán fada anois air*

HONOUR see **WORD**

HOP **keep**: keep him on the hop, *coinnigh ar a mhine ghéire é*

s.a. **ONE (leg)**

HOPE see **GIVE (up)**, **TROUNCE**

HOPELESS see **LATE**

HOPPING mad: he was hopping mad, *bhí sé ag rince le drochmhianach/d'éirigh sé ó thalamh*

HORN draw: he's drawing in his horns, *tá sé ag breith chuige féin*

HORSE see **STRONG**

HOSPITABLE as hospitable a woman as ever lived, *bean chomh maith is a bhris arán riamh*

HOSPITALITY see **BEGRUDGE**

HOT piping: I drank it piping hot, *d'ól mé as an scalladh/as an bhfiuchadh é*

steaming: to eat something steaming hot, *rud a ithe as an ngal bheirithe*

s.a. **ARGUE**, **BLOW**, **GET**, **PURSUE**, **PURSUIT**

HOUR late: he came at a late hour, *thug sé an deireanas leis*

small: they sat up till the small hours of the morning, *bhí siad ina suí go raibh an trian deireanach den oíche ann*

into the small hours, *go bundún dearg na hoíche*

unsuitable: to come at an unsuitable hour, *teacht in am an doichill*

s.a. **JUST**

HOUSE food: he has eaten all the food in the house, *tá an teach in airc aige*

home: he lost house and home over it, *chuir sé é féin amach an doras leis*

to drive someone out of house and home, *duine a chur ar dhroim an bhóthair/an bhealaigh mhóir*

he would destroy house and home, *tá briseadh tí agus áite ann*

s.a. **ANYWHERE**, **CONFINES**, **DISREPAIR**, **FILL**, **FOOT (mess)**, **KEEP (away)**, **MAKE (for)**, **OPEN**, **UPROAR**

HOVER don't keep hovering about me like that, *ná bí ag cleitearnach thart orm mar sin*
s.a. **LIFE (death)**

HOW see **KIND, LOSE, MATTER (no), REGARD**

HUE see **CHANGE**

HUFF away: to go away in a huff, *imirce uabhair a dhéanamh*

HUGE see **PRICE**

HUMBUG trying to humbug people, *ag cur madraí i bhfuinneoga*

HUNGER see **ALLAY, PERISH**

HUNT see **HEEL**

HURL see **DIRECTION**

HURRIED see **JOB**

HURRY no: he was in no hurry to say it, *níor chuir sé dlús lena rá*
  trip: tripping over one another in their hurry, *ag baint na sál/na gcos dá chéile*
s.a. **CARRY (leg), DEAR (life), FORCE, FUMBLE, GREAT**

HURT innermost: it hurt me to my innermost being, *ghoill sé go dtí na scairteacha orm*
s.a. **CAREFUL, HARM, LEAST**

I

ICE see **BREAK**

IDEA see **GET, GO (off)**

IDLE go: youths going round idle, *ógánaigh ag imeacht bán*
s.a. **SPEND, WORK**

IDLENESS see **RUST**

IGNORANCE doing something in ignorance, *ag lorg an ghadhair is gan tásc a dhatha agat*

ILL see **DOG (luck), JUDGE, THINK, WILL**

ILLNESS see **RECOVER**

ILLUSION no: he is under no illusion as to what he is doing, *níl mire ná meisce air*

IMAGE she is the image of her mother, *is í a máthair bos cos í*
  exact: he's the exact image of his father, *shílfeá gur anuas dá athair a gearradh é*

spitting: he is the spitting image of his father, *is é a athair ina athbhreith/ar athphrátaí é; is é pictiúr a athar é*

IMAGINATION see **RUN (away)**

IMMEMORIAL see **TIME**

IMMENSE rich: he is immensely rich, *tá na liaga ag liathadh aige*

IMPATIENCE see **BURN**

IMPATIENT impatient to do something, *ar guairdeall chun rud a dhéanamh*
  impatient for something, *ar iolchaing chun ruda*
  away: he was impatient to get away, *bhí sé á bheophianadh go n-imeodh sé; bhí sé ar bior/ar bís le himeacht; bhí sé i mbroid gan a bheith ag imeacht; bhí bruith laidhre air ag imeacht*
s.a. **WAIT**

IMPLICATION get: I don't understand it but I get the implication of it, *ní thuigim é ach tuigim as*

IMPORTANCE swell: he's swelling with importance, *tá talamh faoi le teann leithid*

IMPOSE to let someone impose on you, *bheith bog le duine*
  he's imposing on you, *tá sé ag dul/gabháil ort*
  don't be imposed on, *ná lig do chnámh leis an madra*
  to impose yourself on someone, *brú ar leac an doichill ag duine*
  will: to impose your will on someone, *do thoil a chur i bhfeidhm ar dhuine*
s.a. **EASY**

IMPOSSIBLE task: (attempting) an impossible task, *ag iarraidh forais i bhfodhomhain*
  undertaking: it's an impossible undertaking, *is é taoscadh na farraige é*
s.a. **ATTEMPT, DEAL**

IMPOVERISHED they became impoverished, *tháinig loime na lámh orthu*

IMPRESSIVE see **SOUND**

IMPROVE the day improved greatly from that on, *tháinig comaoin mhór ar an lá as sin amach*
  he has improved a lot, *is mór a scinn sé*
  you didn't improve matters much, *is beag a leasaigh tú an scéal*
  it won't improve things much, *ní mór an bhreis ar an mbláthach é*
s.a. **SHOW (sign)**

IN for: he has it in for us, *tá sé istigh/sa chuircín aige dúinn; tá a gha ionainn; tá an chloch sa mhuinchille aige dúinn; tá an chruimh faoin bhfiacail/sa tsrón aige dúinn*
you are in for it, *tá d'anam ar an tsnáthaid*
out: he is in and out to us, *bíonn sé chugainn is uainn*
INACTIVE see **AGE**
INACTIVITY reduce: to reduce someone to inactivity, *duine a bhaint dá luadar*
INADEQUATE need: it was inadequate for his needs, *níor aithin sé aige é*
INCARNATE devil: the devil incarnate, *an diabhal i gcolainn dhaonna*
INCH every: to go over every inch of a place, *áit a shiúl ina fóid chaola/ina horlaí beaga*
you looked every inch a man, *ba mhaith do chomharthaí fir*
s.a. **BUDGE**, **GOOD (mile)**, **YIELD**
INCISIVENESS see **LACK**
INCLINE see **AGREE**, **HEAD**, **MAKE (useful)**
INCOHERENT talk: incoherent talk, *caint ar sraith*
INCONVENIENCE without: without inconvenience, *ar saorchóngar*
s.a. **CAUSE**
INDECENT see **ATTACK**
INDISCRETION see **COMMIT**
INDISCRIMINATE blow: indiscriminate blows, *bualadh an chléirigh chamshúiligh*
INDISTINCT see **SPEECH**
INFLAME see **PASSION**
INFLUENCE backstairs: backstairs influence, *cara/focal sa chúirt*
evil: evil influences, *na greamanna dubha*
what evil influence is leading you astray? *cad é an slabhra a cuireadh ort?*
far: far away from my influence, *i bhfad as mo líon*
weird: you could be subjected to weird influences, *bhíodh cead iomartais ort*
INFLUENTIAL see **SUPPORT**
INFORMATION see **FUND**, **PUMP**
INFORMED it's the informed thing to do, *is é an t-eolas é*
INGRATIATE see **TRY**
INHERIT see **QUALITY (bad)**
INHERITANCE see **WRANGLE**

INHOSPITABLE journey: inhospitable journey, *turas na dúlaíochta*
INJURY see **DO**, **ESCAPE (lucky)**
INNERMOST see **AFFECT**, **HURT**
INNOCENT see **SUFFER**
INNUENDO to make innuendoes about someone, *truthaí a chaitheamh chuig duine*
INQUIRE they are always inquiring about you, *bíonn siad do do chásamh i gcónaí*
thanks for inquiring, *slán an caidéiseach*
to inquire into a story, *cos a chur as scéal*
s.a. **AFFAIR**
INQUIRY I made no inquiry about it, *níor chuir mé a bhun ná a lorg*
INS AND OUTS see **GIVE**
INSATIABLE see **THIRST**
INSENSITIVE young: young people can be insensitive, *is minic a bhíonn ceann óg gan arann*
INSINCERE he is quite insincere about it, *is fada óna chroí é*
speech: insincere speech, *bealadh taobh amuigh de ghob*
INSIPID see **FIND**
INSOLENCE see **ACCEPT**
INTEND see **ONE**
INTENSE see **DISLIKE**
INTENTION die: he has no intention of dying just yet, *is mairg a bheadh ag déanamh saoire dó*
reveal: don't reveal your intentions to him, *ná lig fios do rúin leis*
INTEREST vb. nothing: nothing interests him but that, *níl rud ar bith ag cur síos leis ach sin*
what: it's not what interests him, *ní hé atá ar na stácaí aige*
s. anything: anything of interest, *cúrsa sé nó seachráin*
lose: you would soon lose interest in me, *ba ghairid go dtógfá díom*
matter: as a matter of interest, *gach scéal trí na sceithirí*
no: it's a matter of no interest now, *is fuar an scéal anois é*
only: his only interest is in gambling, *is é a chuid den saol bheith ag imirt*
own: everyone acting in his own interests, *gach duine ag tochas a ghearbóige féin/ag tochras ar a cheirtlín féin*

he was looking to his own interest, *i bhfách leis féin/ag amharc ina sholas féin a bhí sé*

slight: he hadn't the slightest interest in it, *ní fhéachfadh sé siar air*

INTERFERE to interfere in something, *do chrúcaí/do mheadar a chur (isteach) i rud*

they are not interfering with us, *níl siad ag drannadh linn*

no one interfered with me in the least, *níor cuireadh cosc ná stró orm*

I'm not interfering with you in any way, *níl mé ag cur chugat ná uait*

argument: don't interfere in the argument, *ná cuir do bhata sa ghleo*

concern: to interfere in what does not concern you, *do ladar a chur i meadar gan suaitheadh*

conversation: to interfere in a conversation, *do gheab a chur isteach*

s.a. **AFFAIR**, **ATTEMPT**

INTERRUPT don't interrupt, *lig an scéal chugat*

interrupting someone, *ag athnasc ar dhuine*

conversation: to interrupt a conversation, *spóc a chur isteach i gcombhrá*

journey: to interrupt someone's journey, *duine a bhaint dá bhóthar*

speak: he interrupted me as I was about to speak, *thriosc sé an focal i mo bhéal*

wish: not that I wish to interrupt, *ní á bhaint as do bhéal é/ní a bhriseadh do scéil é*

INTERSPERSE it is interspersed with it, *tá sé ina orlaí tríd*

INTRICATE **tune**: an intricate tune, *port a bhfuil cniotáil ann*

INTRUDE see **WANTED (not)**

INVEIGLE don't let him inveigle you, *ná lig dó an mhéar a thabhairt duit*

INVENT vb. **true**: I didn't invent it (if it's not true), *ní bréag domsa é/ní mise béal na bréige (mura fíor é)*

a. **story**: to tell invented stories about someone, *duine a chóiriú*

INVITATION **casual**: casual invitation, *cuireadh cosáin*

INVITE **refusal**: persistent begging invites refusal, *an té a chleachtann an t-iarratas gheobhaidh sé an t-eiteachas*

trouble: don't invite trouble, *ná bíodh do lámh i mbéal an mhadra agat*

INVOLVE **danger**: there's danger involved in such work, *leanann an chontúirt an obair sin*

expense: it involves expense, *tá costas ag gabháil leis*

matter: I'm not involved in those matters, *níl mé i dtreis sna gnóthaí sin*

quarrel: do you want to involve us in a further quarrel? *an mian leat tuilleadh achrainn a thógáil orainn?*

INVULNERABLE he was invulnerable, *ní dheargfadh arm air*

IRON see **FIRE**

IRREDEEMABLE **drunkard**: he is an irredeemable drunkard, *d'ólfadh sé an sop as an tsrathair/an chros den asal/cába Chríost*

IRRESOLUTE he was irresolute, *bhí cos thall agus cos abhus aige*

ISLAND see **SIGHT**

ISSUE **without**: passing away without issue, *ag dul chun iarmhaireachta*

s.a. **CHALLENGE**, **EVADE**

ITCH **travel**: he has an itch for travel, *tá meanma shiúil aige*

J

JACK **Robinson**: before you could say Jack Robinson, *fad a bheifeá ag rá 'cuit as sin'*

trade: he is a Jack of all trades, *tá gach uile cheird aige*

JACK-IN-THE-BOX he's a jack-in-the-box, *tá sé lán tapóg*

JAIL to be in jail, *bheith ar an bpláta beag*

JAM he's in a jam, *tá a mhéar i bpoll tarathair*

JAWBREAKERS *carcracha d'fhocail/fóideoga cainte*

JOB **bad**: to make a bad job of something, *drochlámh a dhéanamh de rud*

he gave it up as a bad job, *chaith sé a chloch is a ord leis*

framework: you have laid the framework for the job, *tá an buinne béil agat air*

good: you have made a good job of it, *tá sé i gcreat go maith agat*

great: he did a great job, *rinne sé éifeacht*

hurried: he made a hurried job of it, *thug sé meilt na braiche air*

s.a. **FINISH**, **UNTIDY**

JOIN don't you join in with them, *ná bí thusa páirteach leo*

battle: to join battle, *cath a fhreastal*

eat: he wouldn't eat unless I joined him, *ní íosfadh sé gan mé a bheith ina chuibhreann*

sing: join with me in singing the song, *cuidigh liom an t-amhrán a rá*

JOINT **nose**: you put my nose out of joint, *bhris tú mo shrón*

JOKE **practical**: to play a practical joke on someone, *cleas magaidh/creill a dhéanamh; bheith ag grealltóireacht ar dhuine*

serious: what begins as a joke often becomes serious, *is minic a tháinig an magadh go leaba an dáiríre*

s.a. **APPRECIATE**, **REGARD**, **TREAT**

JOURNEY see **INHOSPITABLE**, **INTERRUPT**, **PUT (trouble)**, **RETURN**, **SAVE**, **SHOW**

JOY see **WISH**

JUDGE vb. **ill**: don't judge ill of people, *ná bíodh drochbhreith i do bhéal*

result: you may judge it from the result, *mol a dheireadh*

standard: he'll be judged by his own standards, *gheobhaidh sé an dlí céanna a thug sé uaidh*

weather: to judge the weather, *an aimsir a bharraíocht*

s. **let**: to let someone be the judge of something, *rud a fhágáil faoi mholadh duine*

JUMP **bail**: to jump bail, *bannaí a bhriseadh*

s.a. **CONCLUSION**, **FRIGHT**

JUST adv. **amount**: it's just the amount I need, *tá mo thomhas i gceart ann*

happen: it just happens to be so, *tharla ann agus níor tharla as é*

hour: just on the hour, *i ngob na huaire*

leave: you had only just left (when), *ní baileach a bhí tú imithe (nuair)*

like: it is just like you, *is tú is dóiche*

luck: it would be just your luck, *is tú ba dhóiche*

middling: just middling, *cuíosach gan bheith maíteach*

much: she loves them and they her just as much, *tá grá aici orthu agus níl aici ach a leath*

need: it's just what you need, *is é a d'oirfeadh duit*

pleased: I am just as pleased, *ní fearr liom scéal de*

sort: he is just another of your sort, *is é do leathcheann eile é*

well: you are just as well off, *ní fearr duit rud de*

it was just as well I was with you, *níor bhac duit go raibh mé leat*

a. **reward**: to get your just reward, *do dhualgas a fháil*

s.a. **SHOW**, **WONDERFUL**

JUSTICE **do**: you didn't do justice to the food, *níor thug sibh a cheart don bhia*

less: to do less than justice to someone, *droch-chóir a dhéanamh le duine*

K

KEEN **fight**: if you are keen on fighting, *má tá faobhar troda ort*

speak: I was keen to speak to him, *shantaigh mé labhairt leis*

KEEP **away**: I kept him away from the house, *bhain mé seachaint an tí as*

back: he strove to keep back the tears, *theann na súile air*

he keeps nothing back, *níl ceilt aige ar rud ar bith*

from: to keep them from fighting, *iad a chosaint ar a chéile*

going: I have enough to keep me going, *tá tarraingt mo láimhe agam*

in: trying to keep in with someone, *ag fosaíocht le duine*

open: keep your ears open, *ná bíodh méar i gcluas agat*

he couldn't keep his eyes open, *bhí na súile ag iamh air le codladh/bhí a shúile ag titim ar a chéile*

out: I have no reason to keep out of your way, *níl ábhar imghabhála agam ort*

peel: keep your eyes peeled, *bíodh na súile scafa agat*

secret: he can't keep a secret, *níl ceilt ar bith ann/is olc an rúnaí é*

time: her feet kept time with the music, *bhí a cosa agus an ceol ar aon imeacht*

to: keep it to yourself, *cuir do bhos ar do bhéal faoi*

keep your jokes to yourself, *ceil do ghreann orainn*

up: to keep up with someone at work, *ceann cuinge a choinneáil le duine*

to keep up your spirits, *meanma a dhéanamh*

warm: to slap yourself to keep warm, *faiteadh a dhéanamh*

word: he's a man who keeps his word, *fear i mbun a fhocail é*

he doesn't keep his word, *níl aon choinníoll ann*

s. **earn**: you're not earning your keep, *is mó do mhála ná do sholáthar*

worth: he's not worth his keep, *ní fiú a bhéilí é*

s.a **ADVANTAGE, ANNOY, APPEARANCE, ARM (length), BLOW (come), CAREFUL, DARK, EDGE, END, HAT (under), HOLD, HOP, LIP (seal), WIT**

KETTLE see **CALL (pot)**

KICK row: to kick up a row, *maicín a thógáil*

snow: he couldn't kick snow off a rope, *ní bhainfeadh sé an cúr den leamhnacht*

s.a. **FEEL, LEAVE**[1]

KILL kindness: to kill someone with kindness, *droim an bhacaigh a bhriseadh le déirc*

outright: he was killed outright, *níor fágadh deoir ann/rinneadh corp de*

I'll kill you outright, *ní fhágfaidh mé uacht an tsagairt ionat*

s.a. **DRESS**

KIN see **NEXT**

KIND a. he is kind by nature, *tá an cheanúlacht ann*

how: how kind of him! *nach deonach sin dó!*

s. **all**: it takes all kinds, *is iomaí duine ag Dia*

anything: don't pay a pound for it or anything of the kind, *ná tabhair punt ná cuid de phunt air*

news: he had no news of any kind, *ní raibh scéal, duan ná duainicín aige*

own: someone of his own kind, *a leathbhádóir eile*

in: pay him back in kind, *tabhair comaoin/tomhas a láimhe féin dó*

he spoke angrily and I replied in kind, *labhair sé go borb agus níor thaise liomsa é*

the value of something in kind, *comhard ruda*

way: I did it in a kind of a way, *thug mé simleadh déanaimh air*

KINDLING see **FIRE (forest)**

KINDNESS see **KILL, SHOW, SHOWER**

KITTY see **OWE, SHARE**

KNACK there's a knack in it, *tá cleas/dóigh air*

KNEE see **BEND, HAND**

KNIFE he has his knife in me, *tá sé ar na sceana chugam*

don't let her get her knife into you, *ná tarraing a faobhar ort*

s.a. **THREATEN**

KNOCK vb. **cold**: to knock someone cold, *stiúda marbh a dhéanamh de dhuine*

heap: to knock someone into a heap, *ceilpín/ceirtlín/fuairnín/pleist/ spaidín/carn glóthaí a dhéanamh de dhuine*

senseless: I'd knock you senseless, *ramhróinn an ceann agat*

spot: he will knock spots out of us, *déanfaidh sé brus orainn/fágfaidh sé ciméara orainn*

stuffing: they were knocking the stuffing out of one another, *bhí siad ag brú na bpéileacán/ag baint na stéigeacha as a chéile*

wind: it knocked the wind out of me, *chuir sé fead ghoile ionam*

s. **take**: to be taking the knocks of life, *bheith do do shiortáil ag an saol*

he took many a knock in his day, *is iomaí tiortáil a fuair sé*

s.a. **BLOCK, HAT**

KNOCK-DOWN price: to get something at a knock-down price, *rud a fháil ar leath-threascairt*

KNOW by: you wouldn't know by him, *níl sé le léamh air*

how: he doesn't know how to go about his work, *tá sé leáite timpeall a ghnóthaí* he knows how to make his way in the world, *is maith an fear chun an tsaoil é*

they know how to do wrong, *tá ciall don drochrud acu*

he knows how to say the wrong thing, *tá an droch-chiall aige*

they only wanted to know how you'd react, *ní raibh siad ach ag cur féachana ort*

let: I'll let him know what sort of person he is, *léifidh mé dó cén sórt duine é*

necessity: necessity knows no law, *níl dlí ar an éigean/ar an riachtanas*

talk: you don't know what you're talking about, *tá do thóin leis an scéal*

he knows what he's talking about, *tá bunúdar aige lena chuid cainte*

well: well you know it, *is beag dá mhearbhall atá ort*

what: he knows what's what, *tá a phaidreacha go maith aige*

where: I don't know where I am here, *tá mé thar m'eolas anseo*

whereabouts: nobody knows his whereabouts, *tá sé ar troigh gan tuairisc*

s.a. **ANYWHERE, BEST, BETTER, DISCUSS, EXACT, HAPPEN, LITTLE, NEVER, PLAN (ahead), TRICK**

KNOWLEDGE see **COMMON, FUND**

KOWTOW to kowtow to somebody, *bheith faoi umhlaíocht do dhuine*

L

LABOUR gainer: may I be the gainer by your labour, *toradh do dheataigh ar mo dheatachsa*

LACERATE tongue: they lacerated me with their tongues, *d'ith siad an fheoil anuas díom*

LACK vb. **depth**: someone lacking depth, *duine gan fód*

incisiveness: a man who lacks incisiveness, *fear nach bhfuil gearradh ann*

substance: his speech lacks substance, *níl úimléid ina chuid cainte*

s. **concern**: absolute lack of concern with the proceedings, *cuid an daimh den eadra*

sleep: I was dazed from lack of sleep, *bhí meisce chodlata orm*

LAID UP see **TIME (long)**

LAME excuse: a lame excuse, *leithscéal cam/leithscéal agus a leathbhéal faoi/leithscéal a bhfuil a thóin leis*

LAND see **WRANGLE**

LANDLESS he is a landless man, *níl fód fuiseoige/spáide/talún aige; níl féar ná fothair aige*

LANGUAGE see **DEGENERATE**

LASH about: he lashed about him, *bhuail sé roimhe agus ina dhiaidh*

out: he lashed out at me, *sháigh sé chugam*

he's liable to lash out, *tá drochbhuille ann*

LASHINGS drink: we have lashings of drink, *tá dalladh/doirteadh/fuíoll dí againn*

food: there were lashings of food, *bhí bia go maidí sceana ann; bhí dalladh/greadadh bia ann*

LAST vb. **long**: he didn't last long, *is gearr an eang a thug sé leis/nach dona an sea a bhí ann*

it wouldn't last you long, *ba ghairid le dul ort é/is gairid a rachadh sé ort*

out: he won't last out the night, *ní threabhfadh sé an oíche*

if he lasts (out) till morning, *má shraonann sé go maidin*

he lasted out the year, *chomhlíon sé an bhliain*

time: lasting a long time, *ag baint eangaíochta as*

it lasted us no time at all, *ní dheachaigh sé fad fidirne orainn*

a. **expedient**: he was driven to his last expedient, *cuireadh go dtí a aon bheart é*

least: last but not least, *an ball is mó/an meall mór ar deireadh*

one: you're like that every last one of you, *tá sibh mar sin siar go heireaball*

pick: he ate it to the last pick, *d'ith sé siar go heireaball é*

resort: begging is the last resort, *deireadh gach seifte an déirc*

resource: it would be a pity to waste your last resource on it, *is mairg a loiscfeadh a thiompán leis*
you are our last resource, *tusa an ceann sprice againn*

rest: he is ready for his last rest, *tá a leac lite agus a chosa nite*

sacrament: it's time he received the last sacraments, *tá sé in uacht/i gcruth an tsagairt*

word: the last word in an argument, *buille na sní*
s.a. **FAMILY**, **FLING**

LATE afternoon: in the late afternoon, *le buíochan na gréine*

always: you are always late, *i ndeireadh na bliana a rugadh thú*

cry: crying when it's too late, *ag gol in áit na maoiseoige*

day: it is late in the day, *tá an lá i margadh na holla/ag dul i moille*

hopeless: he will be hopelessly late in coming, *ní thiocfaidh sé in am ná in uair*

learn: we learn when it's too late, *tar éis gach beart a aithnímid ár leas*

night: it's very late in the night, *tá meán oíche na gcártaí/an chearrbhaigh ann*
it was getting late at night, *bhí log den oíche caite*

sleep: to sleep late, *codladh go headra*

start: we're making a late start with the work, *tá deireanas oibre orainn*

teen: he is in his late teens, *tá sé amach/go hard sna déaga*

too: doing something when it's too late, *rud a dhéanamh an lá i ndiaidh an mhargaidh*
s.a. **CATCH**, **FATE**, **GET**, **HOUR**

LAUGH see **BREAK (heart)**, **EASY**, **HELP**, **PAIN (side)**, **RESTRAIN**, **SIDE (split) (wrong)**, **SLEEVE**, **SUPPRESS**, **VACANT**

LAW see **KNOW (necessity)**, **OBSERVE**

LAY by: to lay some money by, *airgead a fhágáil thart/a chur i bhforas*

hand: gathering everything he can lay his hands on, *ag cruinniú roimhe agus ag bailiú ina dhiaidh*

into: he laid into him with a stick, *chuir sé luí an bhata/na mbuillí air; thug sé lán an bhata dó*
to lay into something, *ladar a dhéanamh ar rud*

store: he's laying something in store for me, *tá sé ag bailiú lóin chugam*
it's what you laid in store for yourself, *is é a thuar tú duit féin*
s.a. **JOB (framework)**

LAZINESS see **CURE**

LAZY he was too lazy to get up, *ní ligfeadh an drogall dó éirí*

load: the lazy man's load, *beart/ualach ghiolla na leisce*

LAZY-BONES lie about for your meals, you lazy-bones! *luí an ladair agat!*

sleep: sleep all day, you lazy-bones, *codladh an traonaigh chugat*

LEAD[1] vb. **ace**: he led the ace of trumps, *dhathaigh sé an t-aon*

astray: to lead someone astray, *drochsheoladh/míchomhairle a chur ar dhuine; duine a chur ar bhealach a aimhleasa*

blind: the blind leading the blind, *an dall ag déanamh an eolais don dall/ag giollacht an daill; giollacht an daill ar an dall*

by: to be led by someone, *bheith ar chomhairle duine*

complication: to lead to serious complications, *dul i ndrochoiliúint (do dhuine)*

fight: even if it only led to a fight, *mura mbeadh de ach troid*

life: to lead a dissolute life, *do shaol a chaitheamh le drabhlás*

nowhere: the trail led them nowhere, *ní raibh acu ach boinn*

to: what will these affairs lead to? *cén éifeacht a bhainfear as na cúrsaí seo?*

undoing: it led to his undoing, *is leis a fágadh é*

up: he was leading up to the subject, *bhí sé ag baint spreab chuig an scéal*

word: one word led to another, *chuaigh sé ó fhocal go focal*
s.a. **AFFAIR**, **CRY (restlessness)**, **EASY**, **INFLUENCE (evil)**

LEAD[2] **swing**: swinging the lead, *ag feádóireacht*

LEAF new: to turn over a new leaf, *teacht ar athrú staide*

LEAK roof: the roof is leaking over us, *tá an braon anuas againn*

story: he let the story leak out, *rinne sé poll ar an scéal*

LEAN time: they have a lean time, *tá an saol gann orthu*

LEAP see **DARK**, **GIVE**

LEARN **experience**: he'll learn from experience, *múinfidh an saol é*
learning from experience, *ag ceannach na céille*

lesson: he has learned his lesson, *tá ciall cheannaithe aige*
it was the first lesson he learned, *is é an chéad ghobán a cuireadh ina bhéal é*

mistake: he'll learn from his mistakes, *cuirfidh a shrón féin comhairle air*

self: I learned it from yourself, *tú féin béal mo mhúinte*
s.a. **ASK**, **LATE**

LEARNING see **BONE**, **LOSS**

LEASE **life**: it gives you a new lease of life, *tá fad saoil do dhuine ann/thabharfadh sé aiseag beatha duit*
our lease of life is short, *is gairid ár gcairt ar an saol seo*

LEASH see **STRAIN**

LEAST **care**: I don't care in the least, *is cuma liom den domhan*

hurt: he didn't hurt me in the least, *níor bhain sé fogha ná easpa asam*

matter: it doesn't matter in the least who did it, *nach cuma beirthe cé a rinne é*

move: I can't move it in the least, *ní fhéadaim hob ná hé a bhaint as*

put: he wasn't in the least put out by it, *níor chuir sé lá iarghnó air/ní raibh pioc dá thinneas air*

repentant: I am not in the least repentant, *níl aithreachas ná (cuid d')aithreachas orm*

sorry: he is not sorry in the least, *níl blas buartha air*

surprising: it would not be in the least surprising (if), *níor dhóichí(de) scéal/rud de (ná go)*

trouble: he was not in the least troubled by that, *dheamhan cailm a chuir sin air*
s.a. **CARE**, **DISTURB**, **DO**, **LAST**

LEAVE[1] the cold hasn't left me yet, *níor dhealaigh an slaghdán liom go fóill*

behind: to leave someone far behind, *folach cnoc a chur ar dhuine*

device: leave him to his own devices, *déanadh sé a oirbheart féin*

kick: there's a kick left in him yet, *tá buille sa bhéim fós ann*

nothing: there's nothing left, *sin an sop a raibh an t-iasc ann*

propagate: there wasn't a man left to propagate the breed, *ní raibh síolaí d'fhear fágtha*

short: he left me a pound short, *chiorraigh sé punt mé*
they were left short of food, *ligeadh amach as bia iad*

speechless: to leave someone speechless, *duirc a dhéanamh de dhuine*
to be left speechless, *bheith i do dhiúra dheabhra*

without: we won't (be allowed) leave his house without refreshment, *ní thiocfaimid tur as a theach*
s.a. **ALONE**, **BODY (life)**, **BONE (bare)**, **JUST**, **LOT**, **LURCH**[1], **MARK**, **OPEN (censure)**, **ORDER**, **UNDONE**

LEAVE[2] **French**: to take French leave, *imeacht gan chead gan cheiliúradh*

sense: he took leave of his senses, *d'imigh sé ina ghealt*

LEG see **APART**, **CARRY**, **FEELING (no)**, **ONE**, **PULL**

LEND **wing**: they will lend wings to the story, *cuirfidh siad cosa/ceithre cosa/na hocht gcosa faoin scéal*

LENGTH see **ARM**

LENGTHEN: **day**: the days lengthened, *tháinig as an lá*

LESS see **JUSTICE**

LESSON **teach**: I taught him a good lesson, *thug mé ullmhú maith dó*
that taught him a lesson, *rinne sin eolach é*
the world will teach him a lesson, *bainfidh an saol casadh as*
s.a. **LEARN**

LET **down**: to let someone down badly, *an dubh a dhéanamh/déanamh go dubh ar dhuine*
you let yourself down badly when you didn't score the goal, *is dona a fágadh thú nár chuir tú an báire*

go: it is then they really let themselves go, *is é an t-am teannaidh acu é*

hold: don't let those people have a hold on you, *ná bí ar teaghrán ag an dream sin*

live: live and let live, *lig chugat is uait*

out: she never let them out from under her wing, *níor thóg sí gob ná sciathán díobh*

peace: they won't let me sit in peace, *níl suí suaimhnis agam leo*

rest: let the matter rest, *bíodh an scéal ina aon marbh; bíodh sé ina scéal thairis; fág marbh/ina chodladh é*
to let old enmities rest, *na seanfhaltanais a fhágáil thart*

slide: he lets things slide, *beireann an fuacht ar an teas aige*

slip: to let the opportunity slip, *failliú ar an deis*
he let it slip through his fingers, *scaoil sé trína ladhracha é*

speak: we let him speak before us, *thugamar dó labhairt romhainn*

up: he never lets up, *ní théann lagú air*
he never let up (until), *níor bhain sé méar dá shrón/níor stad sé den stáir sin (go)*

wag: to let your tongue wag, *an tsreang a bhaint den mhála*

s.a. **AMUSE (child)**, **AWAY (carry)**, **DEAL**, **DO (please)**, **GO (please)**, **JUDGE, KNOW, REMAIN, STRAIGHT (have)**

LEVEL vb. **gun**: he levelled the gun at me, *dheasaigh sé an gunna orm*

a. the boats are level with one another, *tá na báid ag crinneadh a chéile*

term: on level terms with someone, *i gcuid chothrom le duine*

s.a. **COME (down)**

LIAR see **BORN, CALL**

LIBERTY see **TAKE**

LICK promise: he gave himself a lick and a promise, *chuir sé boiseog/boslach (uisce) ar a aghaidh; thug sé bos don éadan/don urla; thug sé rinseáil na hainnise dó féin*

LIE¹ heavy: the food lies heavy on my stomach, *tá an bia ina mhoirt ar mo ghoile*

low: to lie low, *fanacht ar an gcúlráid*

still: he lay quite still in the bed, *bhí sé ina mheig sa leaba*

wait: to lie in wait for someone, *síneadh faltanais a dhéanamh roimh dhuine/bheith in eadarnaí ar dhuine*

s.a. **DOG (sleep), PLACE**

LIE² see **COME (easy), SEE, SHOW, SPREAD, TELL, TRAVEL**

LIFE all: all their lives, *ó laige go neart*

bane: they were the bane of my life, *fuair mé mo chéasadh leo*

breath: there isn't a breath of life in him, *níl fleaim/flip ann*

charmed: he bears a charmed life, *tá léas/fad ar a shaol aige*

come: he is coming to life, *tá sé ag bíogadh*

death: hovering between life and death, *i meá an bháis*

gay: to live a gay life, *bheith ar dúidín réice; bheith ag dul/ag imeacht le haer an tsaoil*

hard: he has a hard life, *tá sé ag cur de a bhreithiúnais aithrí (ar an saol seo)*

have: I'll have your life, *cuirfidh mé luí na bhfód ort*

maim: he's maimed for life, *tá iomard lena shaol air/tá máchail air lena lá*

on: on your life don't do it, *ar do bhás ná déan é*

pleasant: it is one of the things that makes life pleasant for them, *cáil dá bpléisiúr é*

prime: he died in the prime of life, *cailleadh é i mbláth a mhaitheasa/i bhformna a aoise*

take: he took his own life, *ghiorraigh sé leis féin*

terrify: he was terrified of his life, *bhí a anam i gcúl a dhoirn aige/leis*

value: if you value your life, *más milis leat do bheo*
if you value your life, don't say it, *ar d'anam ná habair é*

worry: it's my principal worry in life, *níl ag dul idir mé agus codladh na hoíche ach é*

worth: my life is not worth living, *ní beo dom/liom mo shaol*

s.a. **BODY, BUFFETING, DEAR, EASY, ENJOY, ENVIABLE, ENVY, ESCAPE, FRIGHT, LEAD¹, LEASE, LITTLE, MARK, SAVE, STORE, UNKIND, WALK**

LIFT see **CLEAN**

LIGHT¹ feather: he's as light as a feather, *ní mheánn sé brobh*

heart: a light heart, *croí gan dochma*

responsibility: it's not a responsibility to be undertaken lightly, *ní cúram mar mhagadh é*

snow: there has been a light fall of snow, *tá biathú sneachta ann*

speak: to speak lightly of something, *labhairt go neamhthuairimeach faoi rud*

step: (he is so light of step) he wouldn't break a twig underfoot *ní bhrisfeadh sé cipín faoina chos*

work: light work, *obair gan dochma*

s.a. **FOOT, GET (off), TAKE (loss)**

LIGHT[2] see **BLOCK, SHUT (off)**

LIKE[1] I didn't like to anger him, *ba mhór liom fearg a chur air*

s.a. **BETTER (nothing), EAT (well), GET, SEE (want)**

LIKE[2] see **EXACT, FATHER, HELP, JUST, NOBODY**

LIKELY see **PLACE**

LIKING see **FIND**

LIMIT they are the limit, *níl ríochan leo*

there is a limit to everything, *tá measarthacht ar gach rud*

there has to be a limit to this work, *caithfear sprioc a chur ar an obair seo*

defend: to defend something to the limit, *rud a chosaint go dtí an sprioc*

LINE see **DROP**

LINGER long: to linger too long on the way, *strambán a dhéanamh ar an mbealach*

LION see **SHARE**

LIP seal: my lips are sealed, *tá gad orm/tá snaidhm ar mo theanga*

to keep your lips sealed about something, *béalrún a dhéanamh ar rud*

stiff: to keep a stiff upper lip, *cruachan in aghaidh na hanachaine*

s.a. **CUT**

LISTEN see **NEVER (tire)**

LITTLE a. **child**: since he was a little child, *ó bhí sé i gcóta na cabhlach/ó rinne slat cóta dó*

s. **confidence**: to have little confidence in someone, *drochdhóigh a bheith agat as duine*

count: every little counts, *bailíonn/tiomsaíonn brobh beart*

fellow-feeling: there is little fellow-feeling in you, *is dona do dháimh*

give: to take much and give little, *alpán chugat agus millín uait*

life: what little life remains in me, *an t-iarsma anama atá ionam*

too: better too much than too little, *is fearr fuílleach ná easpa*

adv. **know**: little I knew of it, *ba ghlas m'eolas air*

think: I little thought (that), *is lag/olc a shíl mé (go)*

worthy: they are little worthy of respect, *is olc an oidhe urraime iad*

s.a. **APPRECIATE, CHARACTER (regard), DESERVE, DROP, EAT, SHOW (journey), TASTE**

LIVE age: may you live to a ripe old age, *ceann liath ort*

he lived to a good old age, *thug sé aois mhaith/mhór leis*

comfort: to be living in comfort, *bheith ar do chraoibhín/chúilín seamhrach*

daylight: if he lives till daylight, *má bheireann an lá air*

long: he hasn't long to live now, *is gairid a chúrsa anois*

(not) as long as I live, *go ndúna an clár/béal na huaighe orm; go scara m'anam le mo chorp*

luxury: he can live in luxury, *tá só súilíneach aige*

means: living within your means, *bheith os cionn do chumais/ag fuineadh de réir na mine*

old: she'll never live to be old, *ní chíorfaidh sí ceann liath go brách*

poverty: they are living in poverty, *tá beo bocht orthu*

together: the couple went to live together, *chuaigh an lánúin i gceann a chéile*

s.a. **CARE, EXPENSE, LET, LIFE (gay) (worth), PROMISE**

LIVING accustomed: they are accustomed to good living, *chleacht siad an greim maith*

earn: to be fit to earn your living, *bheith chun treafa*

you'd think he had no need to earn his living, *shílfeá go raibh a bheatha ag teacht ó neamh chuige*

precarious: he makes a precarious living, *tá sé crochta as an sreangán*

a precarious way of living, *lámh in earr eascainne/greim ar eireaball eascainne*

scrape: to scrape a living, *greim do bhéil a bhaint amach*

struggle: struggling to make a living, *ag fuirseadh an tsaoil*

work: he worked hard for a living, *chuir sé allas na gcnámh*

LOAD see **CARRY (help), LAZY**

LOCAL sensation: it's a local sensation, *is bogadh baile é*

LOCK see **BARREL**

LOITER accost: loitering about accosting people, *ag drádánacht thart*

long: he loitered a long time at the fair, *rinne sé eadra mór ar an aonach*

LONG day: the day is noticeably longer, *tá coiscéim coiligh ar an lá*

dead: we'll be dead long enough, *is iomaí lá ag an gcill/ag an teampall/ag an uaigh orainn*

eye: as long as I have eyes to see, *go loice amharc mo shúl*

get: the mornings are getting long, *tá na maidineacha ag dul i moiche*

story: long story, *scéal an chaipín deirg/an ghamhna bhuí/mhadra na n-ocht gcos; scéal ó Shamhain go Bealtaine; scéal a bhfuil bundún air*
to make a long story of it, *dul chun seanbhróg leis/paidir chapaill a dhéanamh de*

take: it's taken you a long time to complete your errand, *is é teachtaireacht an fhéich ón Áirc agat é*
you have taken a long time to come, *is é teacht an tseagail/an tseilide agat é*

tooth: he is long in the tooth, *tá na géaráin curtha go maith aige*

way: the long way and the short way, *an t-aistear agus an cóngar*
they make a penny go a long way, *baineann siad fad as an bpingin*

s.a. **CHALK, DO, LAST, LINGER, LIVE, LOITER, STAY, STEP, STRAW, TIME, WAIT**

LONGINGLY see **WAIT**

LOOK after: he who doesn't look after himself, *an té nach gcreanann leis féin*
he's sure to look after himself, *ní fhágann sé é féin ar deireadh*
all he has to do is look after himself, *níl de mhortabháil air ach é féin*

beggar: going about looking like a beggar, *ag imeacht i gcló bacaigh*

death: he looked like death, *bhí cruth an bháis air*

depressed: he looks deeply depressed, *tá néal coscartha os a chionn*

foolish: he was made to look very foolish, *fágadh breall air*

for: don't go looking for trouble, *ná hionsaigh ágh*

forward: that enabled him to look forward with confidence, *thug sin an tsúil aniar aige*

ghastly: he looks ghastly, *tá dath na cré air*

nice: it doesn't look nice on you, *ní mór an deise duit é*

own: he looks as if he owns the place, *níl aithne air nach leis féin an áit*

part: he looks the part, *tá a chomharthaí lena chois*

self: he looks himself again, *tá sé ina chló féin arís*

set: the day looks set for rain, *tá craobh fhliuch/stiúir bháistí ar an lá*

sickly: he looks sickly, *tá deilbh bheag bhocht air*

silly: to make someone look silly, *Síle chaoch a dhéanamh de dhuine*

small: it looks small indeed, *is é deartháir an bheagáin é*

surly: he looks surly, *níl an dea-ghnúis air*

threaten: the day looks threatening, *níl aon dea-ribe ar an lá/tá drochribe ar an lá*

tough: he's tougher than he looks, *má tá sníomh bog air tá tochardadh crua air*

ugly: they make the place look ugly, *tá míghnaoi ar an áit acu*

way: there are many ways of looking at it, *is iomaí barúil air*

worse: he looks the worse for wear, *tá cuma anróiteach air*

s. **villainous**: he has a villainous look, *tá aghaidh/gnúis/néal crochadóra air; tá drochspéir os a chionn*

well-fed: he has a well-fed look, *tá lorg/rian/snua/sult a choda air*

withering: he has a withering look in his eye, *leáfadh amharc a shúl thú*

s.a. **ALIVE, BEGIN, BETTER, BOTHER, DAGGER, DOWN, FRENZIED, GOOD (no), INCH (every), INTEREST (own), LOST (soul), REPROVE, SHARP, SIDEWAYS, TELL**

LOOK-OUT see **SHARP**

LOOSE see **SCREW**

LOOSEN see **TONGUE**

LOSE bearing: we lost our bearings, *chuamar as ár n-eolas*

gain: he gained more than he lost, *ba mhó atá sé siar ná aniar leis/ba mhó a shola ná a dhola*

how: how could he lose his Irish? *cá ngabhfadh an Ghaeilge uaidh?*

memory: he is losing his memory, *níl aon chruinneas ag fanacht ann*

nothing: I have nothing to lose, *níl snáithe ná snaidhm le cur i ngeall agam*

the story lost nothing in the telling, *murar cuireadh leis an scéal níor baineadh de*

pound: I have lost a pound by it, *tá mé punt briste ann/leis*

self-respect: he lost his self-respect, *d'imigh sé gan dóigh*

sense: I nearly lost my senses, *is beag nár scar mo chiall díom*

sleep: don't lose your sleep over it, *ná cuireadh sé ó chodladh na hoíche thú*

touch: I lost touch with them, *d'imigh siad ó chaidreamh orm*

way: they had lost their way, *bhí siad as a n-eolas*

s.a. **ATTEMPT (win)**, **CHANCE**, **INTEREST**

LOSS learning: his death was a loss to learning, *ba dhíth léinn a bhás*

sovereignty: loss of sovereignty, *doirteadh flaithis*

s.a. **FEEL**, **GO**, **GREAT**, **REMARK (stinging)**, **TAKE**

LOST soul: until he looked like a lost soul, *go ndearna Dia duine dona de*

s.a. **CAUSE**, **GIVE (up)**

LOT bad: he is a bad lot, *is olc an t-éadach/an ailím/an ball/an éadáil/ an ghéag/an luibh é*

happy: he is happy with his lot, *tá suaimhneas ar sop aige*

leave: I left him the whole lot, *d'fhág mé an gleann is a raibh ann/an ruaim is an fhabhair aige*

rain: it won't rain a lot, *ní dhéanfaidh sé brí fearthainne*

remarkable: they are a remarkable lot, *tá scéal fada/scéalaíocht orthu*

talk: he talks a lot, *tá fad na teanga air*

think: you must think a lot of it, *nach é atá measta agat*

whole: the whole lot, *idir mhaith is olc*

the whole blooming lot of you, *an t-iomlán díreach/dearg agaibh*

s.a. **ATTEND**, **CAST**, **GET (through)**, **TAKE**

LOUD see **ACTION (word)**

LOVE see **CUPBOARD**, **PLACE**

LOVING see **PLAIN**

LOW see **BEND (over)**, **HIGH**, **LIE**[1]

LUCK see **DOG**, **JUST**, **STROKE**, **TURN**, **WISH**

LUCKY see **BORN**, **ESCAPE**

LURCH[1] **leave**: he'll be left in the lurch, *beidh thiar air*

to leave someone in the lurch, *duine a fhágáil san abar/Baile Átha Cliath a fhágáil ar an mbóthar ag duine*

LURCH[2] see **SIDE**

LUXURY see **LIVE**

M

MAD fighting: they are fighting mad, *tá mearadh troda orthu*

work: he is working like mad, *tá faobhach oibre air*

s.a. **DRUNK**, **HOPPING**

MADE see **MAN**

MAIM he's maimed, *tá cabhán/luifín air*

s.a. **LIFE**

MAJORITY see **GO**

MAKE acquaintance: to make the acquaintance of someone, *duine a chaidreamh*

conversation: to make conversation with someone, *caint a thabhairt do dhuine*

for: to make for the house, *dul faoi bhráid an tí*

to make for home, *dul faoi ghlao*

making for home, *ag ionsaí abhaile*

guess: I made a guess at it, *thug mé ballaíocht dó*

mistake: make no mistake about it, *ná bíodh dada dá sheachmall ort*

money: he is making money fast, *tá na pinginí ar a gcorr aige*

move: no man waited for the other to make the first move, *ní raibh tnúth fir le chéile ann*

he never made an unwise move, *níor dhóigh sé siúd an athbhuaile riamh*

run: he made a run for it, *chuaigh sé i muinín a reatha*

scarce: make yourself scarce, *cuir caol ort féin; dofháil ort!*

sense: it's hard to make sense of what he says, *is doiligh abhras/bia a bhaint as a chuid cainte*

serve: to make something serve your purpose, *armáil/do ghaisneas a bhaint as rud*
to make something serve your turn, *dreas a bhaint as rud*

start: making a start with his work, *i mbrollach a ghnó*
we have made a start on the last ridge, *táimid in éadan an iomaire deiridh*

suffer: he was made to suffer (physically) for it, *baineadh siar as a cholainn é*

sure: I made sure to do it, *níorbh ealaín dom gan é a dhéanamh*

sweat: to make someone sweat, *an craiceann a théamh ag duine*

talk: it's hard to make him talk, *is deacair aighneas a bhaint as*
they just want to make you talk, *níl siad ach ag piocadh asat*

uncomfortable: to make a place uncomfortable for someone, *dealg a chur faoi chosa duine*

up: I'll make it up to you, *comhlíonfaidh mé leat é*
making up to someone, *ag fosaíocht/ag ligean siar na gcluas/ag lústar le duine; méadaíocht/mórtachas a dhéanamh le duine*
the laggard is always trying to make up for lost time, *bíonn an falsóir gnóthach tráthnóna*
he can't make up his mind whether to go or not, *tá brath ann agus brath as aige*
why don't you make up your mind? *cén dóbartaíl atá ort?*

use: to make suitable use of something, *rud a chur in ócáid*
he made unfair use of what I said, *rug sé buntáiste ar mo chuid cainte*

useful: I can't make myself useful, *ní thig liom féar ná fonasc a dhéanamh*
he's not inclined to make himself useful, *níl fonn maitheasa air*

war: don't make war on your friends, *ná cuir treas ar do chairde*

wonder: it would make you wonder, *thógfá ina iontas é*

s.a. **BONE, CHANGE (opinion), CLEAR, DIFFERENCE, DO, FORTUNE, FREE, FUN, FUSS, GO (far), LOOK (foolish) (silly) (ugly), MIND (business), MUCH, NEVER (good), REASON (see), SCENE, SHOW, STRAIGHT, STRANGE, TRACK, UNDERSTAND (easy)**

MAN made: he's a made man, *tá a chuid aráin fuinte*
moon: the man in the moon, *Dónall na gealaí*
odd: to be the odd man out, *bheith corraiceach*
trade: many men many trades, *ní lia ceann ná ceird*
very: he's the very man to do it, *is é sás a dhéanta é*
s.a. **APE (boy), STATE, YIELD**

MANAGE do: I can't manage to do it, *níl dul agam ar a dhéanamh/tá ag dul air agam é a dhéanamh*
he managed to do the work, *fuair sé an obair a dhéanamh*
say: I managed to say the word, *fuair mé liom an focal*
surprising: it's surprising he managed to do it, *ba dhiachta dó é a dhéanamh*
without: I can manage without it, *tá teacht dá uireasa agam*
s.a. **ABLE, AFFAIR, ESCAPE, ONE (way)**

MANIAC see **ACT**

MANNER good: it pertains to good manners, *is den mhúineadh é*
s.a. **BEHAVE (same)**

MANY count: there are too many to count, *tá siad as cuntas*
s.a. **ATTEND, MAN (trade), ONE**

MARCH see **STEAL**

MARK vb. event: the event should be marked, *ba cheart eang a chur sa mhaide mullaigh/sa ghabhal éadain*
life: he is marked for life, *tá comhartha lena shaol air*
occasion: to mark the occasion, *in ómós na hócáide*
word: mark my words, *bíodh marc agat ar mo chuid cainte*
work: marking out the work, *ag leabhrú na hoibre*
s. **easy**: he is an easy mark, *is furasta an olann a bhaint de*
you won't find me an easy mark, *ní dóigh agat mise*

leave: I might leave a mark on you, *b'fhéidir go bhfágfainn cabhán/iaróg ort*

life and time have left their mark on me, *d'fhág an saol is an aimsir ceasna orm*

off: you were quick off the mark, *is maith an tapa a rinne tú*

overstep: to overstep the mark, *dul thar cailc/thar scríob le rud*

save: God save the mark, *slán an tsamhail; gach samhail/a shamhail i gcloch*

wide: you are wide of the mark, *is fada ón muileann a leag tú an sac*

s.a. **BEAR**

MARRIAGE unfortunate: she made an unfortunate marriage, *chuir sí a ceann in adhastar an anró*

s.a. **PROSPECT**

MARRIAGEABLE see **AGE**

MARRY see **SETTLE (down)**

MASTER own: I am my own master, *tá cead luí agus éirí agam*

MATCH s. for: he was a match for all of them, *ba leath dóibh uile é/bhí sé ina fhear acu uile*

a match for a hundred, *fear comhlainn/comhraic céad*

they are no match for them, *ní comórtas ar bith dóibh iad*

meet: he met his match, *casadh fear a dhiongbhála air/bhí teagmhálaí maith istigh leis*

more: he is more than a match for him, *tá sé inbhuailte air*

he is rather more than a match for me, *tá sé lánábalta agam/dom; tá sé tiubh agam; tá sé chun treasa liom*

poor: she found a poor match in him, *ba leis a fágadh í*

quite: you were quite a match for him, *thug tú lán a léine dó*

vb. **stroke**: to match strokes with someone, *bheith ar combhbhuille le duine*

MATERIAL see **ADVANTAGE**

MATTER no: no matter what I did, *dá gcuirfinn an cnoc beag i mullach an chnoic mhóir*

no matter what anybody says, *dá mbeadh an saol ag caint*

he thought he'd do it no matter what, *shíl sé go ndéanfadh sé dólámhach é*

I'll do it no matter what happens, *déanfaidh mé é bíodh thíos thuas*

no matter how much he be punished, *dá mbrisfí coill air*

no matter how much you may rant and rave, *dá gcuirfeá an taobh dearg de do chraiceann amach*

no matter how hard you try, *dá gcaithfeá leis go hiallacha na spor; dá gcuirfeá do bhundún (dearg)/do chaolán (dearg)/garr do chroí amach*

I won't be able to bear it no matter how hard I try, *ní sheasfaidh mé é a thréan ná a threas/ná a thrua*

no matter how you tried to please him, *dá dtabharfá fíon Spáinneach dó*

for: it's a matter for yourself, *tá sé ar do thoil féin agat*

what: what matter but (that), *cén bhrí ach (go)*

s.a. **INTEREST, LEAST, LET (rest), NOTHING, SUSPICION**

MAWKISH see **SENTIMENTAL**

MEAL refuse: refusing to take his meals, *ag diúnas ar a chuid*

s.a. **ENJOY**

MEAN vb. business: he means business, *tá sé ar son gnó*

by: whatever he means by that, *cibé atá faoi sin aige*

harm: he didn't mean any harm by it, *ní le holc a dúirt sé é*

remark: he meant that remark for me, *chugamsa a lig sé an focal sin*

say: you don't mean to say I did it, *ní cheapfá a rá gur mise a rinne é*

a. **extremely**: he is extremely mean, *d'fheannfadh sé dreancaid ar a craiceann*

never: he was never mean, *níor cailleadh riamh le hainnise é*

thing: it was a mean thing for him to do, *is bréan (mar) a rinne sé é*

too: nothing is too mean for him, *bhainfeadh sé an bhraillín den chorp*

MEANING see **ARGUE, GRASP**

MEANS he had the means to do it, *bhí sás a dhéanta aige*

all: come with me by all means, *bí liom cóir máireach*

fair: by fair means or foul, *(más) cóir máireach é*

slender: you can't get far on slender means, *ní théann an geall gearr i bhfad*

use: he will use any means to do it, *déanfaidh sé cúng caol é*

s.a. **ENJOY (day)**, **LIVE**, **PERSUADE (try)**

MEASURE extreme: to take extreme measures against someone, *dul/teacht sa bhile buaic ar dhuine*

preventive: it can be remedied if preventive measures are taken in time, *is féidir a leigheas ach dul roimhe in am*

s.a. **GOOD**

MEDDLE see **STOP**

MEET accident: he met with an accident, *d'imigh óspairt air*

commitment: I have enough to meet my commitments, *tá geall na bhfiach agam*

ends: he'll never be able to make ends meet, *is mó a mhála ná a sholáthar*

he is forever trying to make ends meet, *bíonn an taos leis an iarta/leis an oigheann i gcónaí aige*

he is able to make both ends meet, *tá caitheamh is fáil aige*

fate: you'll meet your fate there, *fágfaidh tú do leacht ann*

misfortune: I met with misfortune, *chuimil an mí-ádh liom/fuair mé droch-chor*

need: it is nowhere near meeting our needs, *ní dhéanfadh sé uisce coisricthe dúinn*

obligation: to meet your obligations, *do dholaí a réiteach*

road: where the roads meet, *ag comhrac na mbóithre*

up: to meet up with someone, *cuimilt a bheith agat le duine*

where: where did you meet last night, *cá raibh an cheárta aréir agaibh?*

s.a. **CHANCE**, **MATCH**, **UNEXPECTED**

MEMORY see **LOSE**

MENTALITY see **GRASP**

MENTION see **OUGHT**

MERCY act: it would be a great act of mercy, *ba mhór an tslí chun Dé é*

God: it was the mercy of God that he wasn't hurt, *ba é Dia a bhí leis nár loiteadh é*

small: we must be thankful for small mercies, *is buí le bocht an beagán*

s.a. **CIRCUMSTANCE**

MERE see **ANNOYANCE (petty)**, **DROP (ocean)**

MESS see **FOOT**

METHUSELAH old: he is as old as Methuselah, *tá aois chapall na comharsan/na malairte/na muintire aige*

METTLE see **SHOW**

MIDDLE see **EXACT (cut)**

MIDDLING see **JUST**

MIDNIGHT oil: to burn the midnight oil, *an choinneal airneáin a chaitheamh*

MIGHTY see **HIGH**

MILD weather: the weather is getting milder, *tá an aimsir ag bogadh*

MILE see **GOOD**

MILK add: to add milk to tea, *tae a dhathú*

MILL see **GRIST**

MIMIC see **SPEECH**

MIND vb. don't mind him, *ná coigil eisean*

business: he was made to mind his own business, *baineadh a chinseal de*

half: I wouldn't mind the work half as much (if), *níor leath liom an saothar (dá)*

think: don't mind what other people think, *ná bac leis an bhfear thall*

work: I wouldn't mind the work were it not for the cold, *ní chásóinn an obair ach an fuacht*

s. **blurred**: it became blurred in my mind, *chuaigh sé ó léargas orm*

occupy: even that occupies her mind, *tá sin féin ina chuideachta aici*

rankle: that word is rankling in his mind, *tá an focal sin ag déanamh angaidh dó*

set: his mind is set on worldly matters, *tá sé faoi choinne an tsaoil*

my mind was set on going there, *bhí m'aigne bainte ar dhul ann*

s.a. **APPEAL**, **BEAR**, **CAREFUL (keep)**, **CHANGE**, **CONFUSE**, **CROSS**, **MAKE (up)**, **RUN**, **TWO**

MINOR see **ESCAPE (ailment)**

MINT vb. **money**: do you think I mint money? *an síleann tú go bhfuil cam/slige ar an tine agam?*

a. **condition**: in mint condition, *amach as an múnla*

MISCARRY plan: his plan miscarried, *shuigh an dabhach air*

MISCHIEF see **AFOOT**, **BENT**

MISCHIEVOUS he is mischievous by nature, *tá an an t-oilbhéas ann*

MISERABLE see **EFFORT**
MISERY picture: you are the picture of misery, *is tú pictiúr an chéalacain*
MISFORTUNE great: it was a great misfortune to him, *ba mhór an maide air é*
  share: I had my share of misfortune, *tháinig mo chuid d'uisce an cheatha orm*
  s.a. **BREED, DOG, MEET**
MISHANDLE to mishandle something, *drochlámh a chur i rud*
MISS much: he doesn't miss much, *níl mórán le himeacht air*
  step: he missed his step, *thug sé coiscéim fholamh*
  s.a. **GOOD (mile)**
MISSPEND money: he misspent his money, *chuir sé drochbhail ar a chuid airgid*
MISTAKE pay: let him pay for his mistakes, *cion a dhearmaid air*
  s.a. **LEARN, MAKE**
MISUSE to misuse something, *drochbhláth a chur ar rud/rud a chur chun míchríche*
MIXED-UP they have got me all mixed-up, *tá mé i mo bhall séire acu*
  don't get the child all mixed-up, *ná déan ciafart den leanbh*
  you have got it all mixed-up, *tá sé ina chéir bheach agat*
  to get things all mixed-up, *rudaí a chur i bhfudairnéis*
  he is getting the case all mixed-up, *tá an cás ag dul chun siobarnaí air*
MOMENT opportune: to get an opportune moment for something, *ailí a fháil ar rud*
  psychological: the psychological moment, *uair na hachainí*
  spur: on the spur of the moment, *maolabhrach; as maoil do chonláin; de mhaoil do mhainge/an bhaige*
  I nearly said it to him on the spur of the moment, *tháinig sé de ríog ionam/orm é a rá leis*
  unguarded: to take someone at an unguarded moment, *éalang a fháil ar dhuine*
  s.a. **CRITICAL**
MONEY see **BURN, DEAL, MAKE, MINT, MISSPEND, MUCH, OWE (kitty), PLENTY, SQUANDER**
MONTH see **SPEND**

MOOD bad: he is in a bad mood, *tá drochfhéasóg/drochnéal air*
  s.a. **ANGRY, CHANGE**
MOODY he is a moody creature, *bíonn sé lá binn is lá searbh*
MOON promise: he promised me the moon and the stars, *gheall sé na hoirc is na hairc dom*
  vow: he vowed by the sun and the moon, *thug sé grian is éasca air féin*
  s.a. **ASK, BLUE, MAN, OUTSHINE**
MORAL see **SAFE (side)**
MORE you have a man more than we have, *tá fear corraiceach agaibh orainn*
  s.a. **ACCOUNT (no), BARGAIN (for), DESERVE (get), DO, MATCH, PRAYER, REGRET, SAY, SENSE**
MORNING see **HOUR (small), NEVER (tidy), SPENT**
MOROSE see **AVERSE (company)**
MORTAL see **BLOW**
MOST concern: that is not what concerns me most (but), *ní hé sin is measa liom (ach)*
  pressing: to attend to the most pressing needs, *an chéad ghá a bhaint amach*
  s.a. **EXPECT, SENSIBLE, SPEND (time), SPENT (day), UNLIKELY, WOUND**
MOTHER see **QUALITY (bad), SACRIFICE (self)**
MOTIVE ulterior: he has some ulterior motive for that, *tá rud éigin ar a chúl sin aige*
MOURN see **NOBODY**
MOUTH heart: she had her heart in her mouth from fright, *bhí a croí ag dul amach ar/thar a béal le scanradh*
  s.a. **OPEN, OPEN (wide), WRY**
MOVE see **EASY, GET, LEAST, MAKE, SPEAK**
MOVEMENT see **POWER**
MUCH bear: he got as much as he could bear, *fuair sé iompar a chraicinn*
  carry: there was as much as I could carry in both arms, *bhí iompar mo dhá lámh ann*
  it's as much as you can carry, *tá do theanneire ann/oibreoidh sé thú an t-ualach sin a iompar*
  chafe: much as he may chafe at the bit, *gan bhuíochas dá chúlbhéal*
  make: they made much of me, *rinne siad cúram díom*
  money: have you much money? *an bhfuil aon dlús airgid agat?*

not: there wasn't much drink there, *ní
raibh brí óil ann*
stir: he didn't make much of a stir, *is
beag an gleo a bhí timpeall air*
take: you haven't taken much of the
food, *is beag d'fhoghail ar an mbia*
talk: she talks too much, *tá fad na
leideoige uirthi*
up: it is not up to much, *is furasta (é) a
mholadh*
s.a. **ASK, BETTER, COME, DO, HOLD,
JUST, LITTLE (give) (too), MATTER
(no), MISS, RELY**
MUST see **ASK (learn), EAT (work),
SACRIFICE (something)**
MUTILATE see **BODY**

N

NAG to nag at someone, *bheith sa
droim/ag caitheamh aighnis ar dhuine;
bheith sáite as duine/ag caitheamh
chuig duine*
NAME see **BLOT, CALL, STICK,
UNWORTHY**
NARROW see **ESCAPE**
NATURE crooked: he is crooked by
nature, *tá an cam/an fiar ann*
very: it's in his very nature, *tá sé de
dhlúth agus d'inneach ann; is é is dú
agus is dual/dúchas dó; níor ghoid sé
is níor fhuadaigh sé é; tá sé sa
smior/i smior na gcnámh aige*
weakness: that is one of the
weaknesses of our nature, *fágadh an
leannán sin orainn*
NEAR see **ENOUGH, GET, GO, MEET
(need), NEXT**
NEAT drink: to take a drink neat, *deoch
a ól crua/craorag/ar a haghaidh/ar a
blas/as a neart*
example: to give someone a neat
example of something, *deismireacht a
thabhairt do dhuine ar rud*
NECESSITY see **KNOW, PROVIDE**
NECK see **NOTHING, WRING**
NEED see **ATTENTION, ENOUGH,
EXCUSE, INADEQUATE, JUST, JUST
(amount), LIVING (earn), MEET**
NEGLECT see **FALL**
NEIGHBOUR see **CAUSE (friction),
DEPEND, DISCUSS**

NEVER complain: he never complains,
níl och ná mairg as
dream: I never dreamt (that), *ní raibh
aon taibhreamh agam (go)*
good: he will never make good, *níl aon
déantús maitheasa ann*
happen: it would never happen, *ní
tharlódh sé i gcaitheamh na gréine*
know: you would never know by him
(that), *dheamhan aithne air (go)*
you never know what someone else's
troubles may be, *níl a fhios ag aon
duine cá luíonn an bhróg ar an
duine eile*
occur: it never occurred to him I might
be here, *ní raibh aon cheapadh aige
go mbeinn anseo*
recover: he never fully recovered from
his injury, *ní dhearna sé buille
maitheasa ó loiteadh é*
rest: he never rests, *ní lúbann sé
ioscaid/ní thagann suí ná foras air*
fate never rests, *ní chuireann an
chinniúint a cosa fúithi*
stop: he never stops talking, *ní
dhruideann a bhéal ach ag caint/tá a
mhuileann ag meilt i gcónaí*
suspect: you would never suspect him
of it, *ní chuirfeá faoina thuairim é*
tidy: she never tidies herself in the
morning, *bíonn sí ina ciafart go
headra*
tire: I would never tire of listening to
him, *d'éistfinn trí sheol mara leis*
wear: my weariness never wears off, *ní
théann faill ar mo thuirse*
s.a. **END, LET (up), MEAN, WORD
(say)**
NEW see **LEAF**
NEWCASTLE see **COAL**
NEWS glad : you bring me glad news, *is
lainn liom do scéala*
s.a. **KIND, PREPARE, WONDERFUL**
NEXT kin: next of kin (to deceased),
muintir an choirp
near: I wouldn't go next or near him, *ní
rachainn ina fheiste ná ina
fhinné/ina ghaire ná ina ghaobhar*
nothing: you got next to nothing, *ní
bhfuair tú ach comhartha*
NICE see **GO, LOOK**
NIGHT see **ALLOW (stay), FALL, LATE,
OVERTAKE, PASS, WILD**
NINE see **DRESS**
NINE-DAY see **WONDER**

NO see **ACCOUNT, ANSWER (take)**, **MATTER, WONDER**

NOBODY fathom: nobody could fathom him, *ní rachadh an saol amach air*

grudge: nobody can grudge it to you, *níl sé inmhaíte ort*

like: they think there's nobody like him, *is é atá caithréimeach acu/tá sé chomh gradamach acu*

mourn: nobody mourned his passing, *is tirim an tsúil a bhí ina dhiaidh*

surpass: there's nobody to surpass him, *níl a bharr/a bhualadh le fáil/ann; níl fear a bharrtha ann*

s.a. **ASK (for)**

NO-MAN'S-LAND talamh eadrána

NONSENSE see **TALK**

NOOK cranny: they searched every nook and cranny, *níor fhág siad poll ná póirse gan chuardach*

NOSE see **BITE, CUT, FOLLOW, FREEZE, GRINDSTONE, JOINT, TURN**

NOSTALGIC see **VISIT**

NOTE see **SIGHT**

NOTHING ashamed: it's nothing to be ashamed of, *nífidh uisce é*

brag: it's nothing to brag about, *níl braig/aon toirtéis air*

defer: I deferred to him in nothing, *ní raibh mé faoi shotal ar bith dó*

deter: nothing would deter him, *ní choiscfeadh an saol é*

fade: fading away to nothing, *ag leá den saol*

fight: fighting over nothing, *ag troid faoin easair fholamh*

gain: he gained nothing by it, *ní dheachaigh sé ar bláth ná ar biseach dó*
there's nothing to be gained from him, *níl maith ná maoin ann*

glory: it's nothing for him to glory in, *ní maíomh ná mustar dó é*

have: he has nothing, *níl lí na léithe aige; níl foladh/scaile aige*
there's nothing to be had here, *níl aon fháiteall anseo*

hinder: there's nothing to hinder him, *níl ceangal ná cuibhreach air*

matter: there is nothing at all the matter with him, *níl a dhubh ná a dhath air*

neck: it was neck or nothing, *ní raibh ann ach breith nó fág*

prevent: there's nothing to prevent it, *níl teir ná toirmeasc air*
there's nothing to prevent you going there, *níl aon chrosadh ort dul ann*

reduce: we will be reduced to nothing in the end, *folamh ár ndáil faoi dheireadh*

reserve: we have nothing in reserve, *níl lámh ar gcúl againn*

right: nothing is right with them, *níl gruth ná meadhg acu; níl rí ná rath/rath ná ríocht orthu*
he can do nothing right, *níl lámh ná cos air*

say: say nothing whatever, good or bad, about it, *ná habair maithín ná graithín ina thaobh*
I said nothing to them, *níor chuir mé chucu ná uathu*

shrink: he is shrunk to nothing, *tá deilbh luiche air*

stop: there is nothing to stop you, *níl fál ar bith ort/níl aon urchall fút*
he'll stop at nothing, *níl rud ar bith mór/trom (ná te) aige; ní carghas leis rud ar bith*

strange: we see nothing strange in it now, *tá sé neamhiontach againn anois*

surprise: nothing would surprise me more, *níorbh iontaí liom an sneachta dearg ná é*

thank: it's nothing for which he should be thanked, *ní cuid bhuíochais dó é*

think: I would think nothing of it, *níorbh obair liom é/ní dhéanfainn aon nath de*

trouble: nothing troubles him, *níl ciach ná mairg air*

wear: she's worn to nothing, *níl inti ach scáil i mbuidéal/níl a scáth ar an talamh*

whatever: there was nothing whatever in sight, *ní raibh toirt fiaigh ná feannóige ar m'amharc*

worth: it's worth nothing, *ní fiú fionna feanna é*

wrong: there's nothing wrong with you, *níl má gáinne ort/níl screatall/seoid (de bharr) ort/níl smadal ort*
there's nothing wrong with his speech, *níl diomar ar bith ar a chuid cainte*

s.a. **BETTER, BOTHER, BUDGE,
CATCH, CHANGE, CHOOSE
(between), COME, DO, DO (have),
EAT, ESCAPE, EXPECT, FUSS (lot),
GIVE (away), GOOD,INTEREST,
LEAVE[1], LOSE, MEAN, NEXT,
PERMANENT, SETTLE, SPEND**

NOTICE see **ATTRACT, CEASE,
PARTICULAR, TAKE**

NOTICEABLE see **LONG (day)**

NOTIFY see **ADVANCE**

NOTION he took a notion to go, *tháinig
sé de mhian air imeacht*
  no: he has no notion of doing it, *níl lá
  iomrá aige air*
  peculiar: he took such a peculiar
  notion, *is iontach an aeráid a tháinig
  dó*
  sudden: he took a sudden notion,
  phrioc an bheach é
  she took a sudden notion to cry, *bhuail
  daol caointe í*

NOW see **CHANCE**

NOWHERE see **LEAD[1], RECORD**

NUMBER see **STRENGTH**

NURSE see **PERMANENT, RESENTMENT**

O

OAR **put**: he put in his oar, *chuir sé a
mhaide san fheamainn/a theanga sa
scéal*

OATS **sow**: to sow your wild oats,
*drabhlás na hóige a chur díot/do
bháire baoise a imirt*

OBLIGATION see **MEET, PASS**

OBSERVATION see **DISCREET**

OBSERVE **law**: to observe the law, *an dlí
a fhreagairt*
  propriety: he was observing the
  proprieties, *ag déanamh fiúntais a
  bhí sé*

OBSTINATE see **REFUSE**

OBSTRUCTION see **ANNOY**

OCCASION see **EQUAL, MARK**

OCCUPY see **MIND**

OCCUR see **NEVER**

OCEAN see **DROP**

ODD see **MAN**

OFF **chance:** awaiting the off chance, *ag
dóbartaíl*

OFFENCE offence has been given, *tá an
bainne/an brachán doirte*

he took offence at what I said, *chuir mo
chuid cainte stuaic air*

OFFEND regardless of whom it may
offend, *ar neamhchead don té lenarb
olc*
she was offended, *tháinig uabhar uirthi*
  susceptibility: it would offend your
  susceptibilities to listen to him,
  *chuirfeadh sé clár ar do chluasa ag
  éisteacht leis*

OFTEN **enough**: I think it is quite often
enough, *ní beag liom a mhinice*
  s.a. **EAT (little)**

OIL see **MIDNIGHT**

OINTMENT see **FLY**

OLD see **AGE (inactive), BEGIN (look),
DIE[1] (cow), ENOUGH, GET, HILLS,
LIVE, LIVE (age), METHUSELAH,
SAYING, SORE, WAY**

OLD-FASHIONED precocious, old-
fashioned person, *duine beirithe*
a very old-fashioned thing, *seanrud ón
díle*

OLD-LOOKING see **GET**

OMEN **bad**: to regard something as a bad
omen, *drochthátal a bhaint as rud*

OMINOUS see **SILENCE**

ONE **intend**: it was the one thing I
intended to do, *ní raibh fúm ná tharam
ach é a dhéanamh*
  leg: to hop on one leg, *léim a
  dhéanamh/a ghearradh ar chos
  bhacóide*
  many: he had one too many, *d'ól sé
  braon thar an gceart*
  trick: to be within one trick of winning
  the game, *bheith úd i gcluiche*
  way: there's little in it one way or the
  other, *is beag idir a aibhse agus a
  dhiomaibhse*
    we'll manage one way or another, *ní
    imeoidh an trá is an timpeall
    orainn*
  s.a. **CATCH (cold), GO (drink), LAST,
  VOICE**

ONLOOKER **only**: I was only an
onlooker in the proceedings, *ní raibh
agamsa ach cuid an tsearraigh den
chléith*

ONLY **concerned**: he was only
concerned for himself, *é féin a bhí sé a
chaí*
  queer: only a queer person would do
  that, *bheadh diomar ar an té a
  dhéanfadh sin*

want: you only wanted some of it for yourself, *is deas/gar do do bhéal a mhol tú é*

yesterday: only yesterday, *inné beag*

s.a. **BEST (do), INTEREST, ONLOOKER, TERM (state)**

OPEN vb. **eye**: that will open your eyes for you, *bainfidh sin an brach/an cailichín de na súile agat*

I'll open your eyes for you, *cuirfeadsa gliomóga/rud i bhfís ort*

that made him open his eyes, *bhain sin an dalladh púicín de; bhain sin na fachailí/faithní/sramaí dá shúile; rinne sin a shúile dó*

heavens: the heavens opened, *sceith na firmimintí*

mouth: don't open your mouth about it, *ná bog do bhéal air*

stack: to open a stack, *cruach a bhearnú/briseadh ar chruach*

a. **censure**: he left himself open to censure, *chuir sé é féin ar shlí a cháinte*

court: in open court, *idir barra is binse*

house: he keeps open house, *níor dhruid doicheall a dhoras riamh*

road: on the open road, *ar ghlan an bhóthair*

sky: under the open sky, *faoi bhéal an aeir*

suspicion: to be open to suspicion, *bheith in áit chos an ghadaí*

wide: wide open, *gan chliath gan chombla/gan chlaí gan chliath*

his mouth was wide open, *bhí clab go cluasa air*

adv. **do**: to do/say something openly, *rud a dhéanamh/a rá os coinne cláir*

s. **fight**: to fight someone in the open, *dul ar mhachaire an dúshláin le duine*

s.a. **CHOICE, KEEP, SWEAR**

OPINION see **CHANGE, DEPRIVE, FORM, FREE, HIGH, WRONG**

OPPORTUNE see **MOMENT**

OPPORTUNITY see **ABUSE, PASS**

ORDER vb. **leave**: to order someone to leave the house, *duine a fhógairt as an teach*

proper: to order your affairs properly, *do ghnóthaí a léiriú*

s. **against**: against my orders, *thar mo chrosadh*

take: to take things in their order, *bualadh éadain a thabhairt do rudaí*

working: to have something in working order, *rud a bheith faoi chiúir agat*

s.a. **CALL, GO (near)**

ORIGINAL SIN see **DOUBLE (dose)**

OTHER see **BAD, MIND (think)**

OUGHT you ought to be ashamed of yourself, *is breá nach bhfuil náire ort*

I ought to mention it, *ní bán dom trácht air*

one ought to have patience, *is mairg nach mbíonn foighne aige*

I ought to recognize you, *is é mo cheart aithne a bheith agam ort*

OUNCE see **SENSE**

OUTDISTANCE I outdistanced him, *d'fhág mé an deireadh air*

OUTRIGHT see **KILL**

OUTSHINE **moon**: she would outshine the moon, *bhainfeadh sí an snab den ré*

OUTSMART to outsmart someone, *dul/teacht taobh istigh de dhuine; buntáiste a bhreith ar dhuine*

OUTWEIGH see **ADVANTAGE (disadvantage)**

OVER see **BAR (shouting), BEND, DONE (with), GET, GIVE, HEAD, PASS, PLACE, RAIN, TASK**

OVERBURDEN **sense**: he's not overburdened with sense, *ní hé meáchan a chéille a bháfas é*

OVERCOME **drink**: he was overcome with drink, *ghabh an deoch lastuas de*

shame: I was overcome with shame, *dalladh le náire mé*

sleep: I was overcome by sleep, *fuair an codladh bua orm/chuaigh mé ar an gcluas*

OVERFLOWING see **FILL**

OVERLOAD to overload a boat/horse, *bád/capall a chur thar a bhreith*

it (boat) is overladen, *tá cruach os cionn boird uirthi*

OVERLOOK overlooking the garden, *ar dheisiúr an ghairdín*

you overlooked me, *bhris tú mo shrón*

OVER-REACH he over-reached himself with it, *chuir sé é féin ar a chorr leis/rinne sé búilleach de féin leis*

OVERSTEP see **MARK**

OVERSTRAIN to overstrain someone, *duine a mhaslú/a chur thar a fhulaingt; masla a chur ar dhuine* don't overstrain yourself with it, *ná cuir thú féin thar do neart/thar d'acmhainn leis*

OVERTAKE night: don't let the night overtake you, *ná lig an déanaí ort féin*

sin: their sins are overtaking them, *tá a bpeacaí ag sileadh orthu*

OVERTAX to overtax yourself with something, *tú féin a mhaslú/a shuaitheadh le rud; tú féin a chur thar do riocht le rud; dul thar do dhícheall/thar do shnáithe le rud*

OVERWORK to overwork someone, *marú an daimh a thabhairt do dhuine*

OWE kitty: I was owed money from the kitty, *bhí mé airgead sa bháin*

right: you owe me my rights, *dlím mo cheart díot*

turn: I owe you a turn, *tá an comhar amuigh agat orm; is é mo chomaoin gar a dhéanamh duit; tá an comhar/comhardú amuigh agat orm*

OWN see **DOING, HOLD, INTEREST, KIND, MASTER**

P

PACE go: he was going at such a pace, *bhí a oiread sin coisíochta faoi/bhain sé smúit as an mbóthar*

at the pace we were going, *leis an tiomáint siúil a bhí fúinn*

they went at a great pace, *d'imigh siad sna fáscaí*

proceed: to let someone proceed at his own pace, *duine a ligean ar a shnáithe*

quicken: he quickened his pace, *tháinig breis coisíochta/siúil leis*

set: to set the pace, *dul ar ceann riain*

work: working at a great pace, *ag obair ar stealladh*

PACKING see **SEND**

PAIN s. deaden: to deaden a pain, *pian a bhodhrú*

side: you'll get a pain in your side from laughing, *cuirfidh tú arraing ionat féin ag gáire*

smoke: pain in the eyes from smoke, *bior deataigh*

spare: he spared no pains to do it, *ní dhearna sé dhá leath dá dhícheall leis*

vb. refuse: it pained me to refuse the food, *ba charghas liom cur suas don bhia*

say: it pains me to say it to you, *is doiligh liom a rá leat*

s.a. **EASE (off), RELIEVE**

PALE see **TURN**

PALM see **FILL**

PAN see **FLASH**

PARCEL see **GOOD (small)**

PARCH see **THIRST**

PARSNIP see **BUTTER (word)**

PART with: so you won't part with it! *nach tú atá daingean ann!*

don't part with it for anything, *ná tabhair ar chamán ná ar liathróid é*

he wouldn't part with it for anything, *ní scarfadh sé leis ar iarach ná ar arach*

s.a. **BELONG, LOOK**

PARTIAL to be partial to someone, *leathbhróg/slipéar a bheith ort le duine*

PARTICULAR about: aren't you very particular about yourself! *nach tú atá suimiúil ionat féin!*

notice: to take particular notice of something, *grinn a chur i rud/rud a thabhairt i ngrinneas*

s.a. **CHOOSE**

PASS vb. along: many people pass along these roads, *tá bualadh mór ar na bóithre seo*

long: the day seemed long to me in passing, *ba mhó ab fhada liom an lá*

night: in that way they passed the night, *rug siad as an oíche mar sin*

obligation: they try to pass on their obligations to one another, *bíonn siad ag iompairc ar a chéile*

opportunity: he didn't let the opportunity pass, *níor leis ab fhaillí é*

over: I was passed over, *rinneadh leithcheal orm*

remark: to pass remarks about someone, *caidéis a fháil do dhuine*

time: passing the time, *ag cur an lae díot/thart; ag fuarú na haimsire*

I called in to pass the time, *bhuail mé isteach ar fastaím*

passing the time in idleness, *ag feadaíl ar lorg gaoithe*

s.a. **CALL (in), COME, RUMOUR**

PASSING see **NOBODY (mourn)**

PASSION consuming: to be in a consuming passion, *bheith i dtine bhruite*

inflame: to inflame passion, *an lasóg a chur sa bharrach*

rouse: to rouse someone's passion, *drochfhadú a chur faoi dhuine*

PAST see **SHOOT**

PASTING to give someone a pasting, *smeadar a dhéanamh de dhuine*

PATCH vb. **up**: to patch up something, *dochtúireacht a dhéanamh ar rud*

s. **not**: he's not a patch on you, *ní dhéanfadh sé croí duit*

s.a. **CLEAR (sky)**

PATH see **RECOGNIZE**

PATIENCE see **EXHAUST**, **TRY**

PATIENT see **HANDLE**

PAUL Peter: robbing Peter to pay Paul, *cuid an bhodaigh thall ar an mbodach abhus/cuid den chadhain seo a chur sa chadhain úd eile/tuí na háithe a chur ar an muileann*

PAWING see **STOP**

PAY address: to pay your addresses to someone, *ceiliúr cumainn a chur ar dhuine*

burden: it will be a burden on you to pay it, *beidh sé ina luach ort*

heed: they pay no heed to my advice, *níl toradh acu ar mo chomhairle*

pay no heed to it whatever, *ná cuir suim ná sea ann*

s.a. **ATTENTION**, **DEAR**, **GET (out)**, **MISTAKE**, **PIPER**, **RECKONING**

PEACE see **HOLD**, **LET**, **PRAYER**, **REST**

PECULIAR they wear the most peculiar clothes, *tá sonraíocht ar an éide a chaitheann siad*

s.a. **NOTION**

PEEL see **KEEP**

PEG down: to take someone down a peg or two, *béim síos/an giodal a bhaint as duine; an forcamás a bhaint de dhuine*

PENNY see **SAVE**, **SHORT**

PEOPLE see **ALIKE**, **MIND (think)**

PERFECT see **PRACTICE**

PERISH vb. **cold**: they were perished with cold, *leath an fuacht iad/bhí siad caillte leis an bhfuacht*

hunger: he perished of hunger, *fágadh leis an ocras é*

race: the race perished, *leáigh an cine*

s.a. **ATTEMPT (succeed)**

PERMANENT nursing: you'll be left permanently nursing your leg, *beidh do chos ina hiarlais agat*

nothing: nothing is permanent, *téann caitheamh i ngach ní*

PERMIT have: to permit someone to have something, *rud a fhulaingt do dhuine*

weather: God willing and weather permitting, *le cúnamh Dé agus na dea-uaine*

PERPLEX sorely: you perplexed him sorely, *thug tú gearbóg le tochas dó*

PERSEVERING see **AFFAIR**

PERSISTENT see **INVITE (refusal)**

PERSON hide: he had something hidden on his person, *bhí rud éigin faoina nuid aige*

respecter: he is no respecter of persons, *is ionann uasal agus íseal aige*

death is no respecter of persons, *comhuasal duine ag an mbás/ní fhéachann an t-éag do neach*

very: you are the very person who did it, *ní hé d'athrach a rinne é*

PERSONIFY avarice: he is avarice personified, *is é an tsaint i gcolainn dhaonna é*

PERSUADE how could you persuade yourself to do such a thing? *cá bhfuair tú uait féin a leithéid a dhéanamh?*

to persuade someone of something, *rud a chur i luí gaidhte ar dhuine*

black: to persuade someone that black was white, *an dubh a chur ina gheal ar dhuine*

try: he tried hard to persuade me of it, *shuigh sé go daingean orm é*

I tried hard to persuade him not to go there, *thaobhaigh mé go crua leis gan dul ann*

I tried to persuade him by all means, *chuaigh mé go bog is go crua air*

s.a. **ARGUMENT (subtle)**

PET see **AVERSION**

PETARD see **HOIST**

PETER see **PAUL**

PETTY see **ANNOYANCE**

PHILOSOPHICAL accept: to accept something philosophically, *rud a ghlacadh ina mhórmhisneach*

PHYSICALLY see **MAKE (suffer)**

PICK vb. **out**: you would pick him out in a crowd, *shonrófá i gcruinniú é*

up: it's picking up a little, *tá mainís bheag air/tá an lá ag dul i ndealraithí*

way: let him pick his own way, *tabhair a shrón dó*

s. **man**: the pick of the men of Ireland, *formna fear Éireann*

not: there's not a pick on him, *níl ruainne ar a chnámha/níl bior eangaí air*

s.a. **AWKWARD (day), CHOOSE, LAST**

PICKLE see **ROD**

PICTURE see **MISERY**

PILE see **HIGH**

PIN two: for two pins I'd strike him, *ar bhiorán buí bhuailfinn é*

s.a. **COLLAR**

PINCH vb. **shoe**: if your shoe pinches, *más cúng do bhróg/má tá na bróga docht ar do chosa*

s. **feel**: they're feeling the pinch, *tá an saol ag teacht cúng/ag fáscadh orthu*

salt: I took it with a pinch of salt, *níor shlog mé gan chogaint é*

PIPE put: put that in your pipe and smoke it, *cuir sin faoi d'fhiacail agus cogain é*

PIPER pay: to pay the piper, *an féarach/an téiléireacht a íoc*

PIPING see **HOT**

PIT see **STOMACH**

PITY see **FEEL, WORTHLESS**

PLACE lie: all he wants is a place to lie down, *níl uaidh ach leithead a leapa a fháil*

likely: it's not a very likely place for wheat, *is olc an dóigh cruithneachta é*

love: I love the place, *bheinn beo ar leathbhia ann*

over: they were falling all over the place, *bhí gach re titim is éirí acu*

proper: to put something in its proper place, *rud a chur ina bheart féin*

put: I'll put you in your place, *cuirfidh mise ó earraíocht thú*

right: you are in the right place for it, *tá tú ar do dheis chuige/is é seo an talamh agat*

safe: to put something in a safe place, *cnuascúin a chur ar rud*

tranquil: Ireland was a tranquil place after that, *ba linn lán Éire dá éis*

s.a. **DISADVANTAGE, HAUNT, MAKE (uncomfortable), SECURE, UNLUCKY**

PLAIN loving: a plain person can be loving too, *is minic a bhí gránna greannmhar*

s.a. **SAILING**

PLAN ahead: he knows how to plan ahead, *ní grian a ghoras a ubh*

s.a. **MISCARRY**

PLANT see **BOLT**

PLAUSIBLE he is plausible, *tá béal bán aige*

sound: he made the story sound plausible, *chuir sé craiceann/dath ar an scéal*

PLAUSIBILITY to give plausibility to a story, *scéal a dhathú*

PLAY credulity: you are only playing on my credulity, *níl sibh ach ag scaoileadh fúm*

game: to play someone at his own game, *cor in aghaidh an chaim a thabhairt*

havoc: we played havoc with them, *rinneamar eirleach/greadlach orthu*
the storm played havoc with them, *tá millteanas déanta orthu ag an stoirm*

up: they are playing up on me, *tá siad ag cearmansaíocht orm*

s.a. **JOKE (practical), WORK**

PLAY-ACTING see **STOP**

PLEASANT see **LIFE**

PLEASE see **BARGAIN, BOTH, COME (go), DISPORT, DO, GO, JUST, MATTER (no)**

PLEDGE see **WORD**

PLENTY eat: you'll get plenty to eat here, *ní chumfar do chuid anseo leat*

everything: he has plenty of everything, *tá lámháil de gach ní aige*

money: he has plenty of money, *tá atarraingt ar airgead aige/tá na puint bhreaca aige*

rope: give him plenty of rope, *tabhair fad a chúrsa/fad a théide/a sháith de scód dó*

say: he said plenty, *dúirt sé a thráth*

talk: he talks plenty, *tá fuílleach cainte aige*

POCKET see **PRIDE**

POINT turning: he has reached the turning point (in illness), *tá a naomhaí caite aige*

POKE see **FUN**

POLITE it is not polite, *ní den eolas é*

POOR see **APPRECIATE (joke), ATTEMPT, FORM (opinion), MATCH, REQUITE, SUBSTITUTE**

POP see **HEAD**

POSER see **SET**

POSITION **defend**: he was not in a position to defend himself, *ní raibh sé in alt a chosanta*
difficult: to put someone in a difficult position, *duine a chur i dteannta*
precarious: he is in a precarious position, *tá sé crochta as an sreangán/i ngreim an dá bhruach*
proper: don't let it out of its proper position, *ná lig thar a bheacht é*
service: since I am in a position to be of service to you, *ó tháinig do ghar i mo chosán/tharla in áit na garaíochta mé*
strong: it puts you in a strong position with him, *is mór an teann duit air é*
unfortunate: to be in an unfortunate position, *bheith faoi dhrámh*
work: to work out your position, *do thalamh a chomhaireamh*
s.a. **DANGEROUS, WISH**
POSSESSION see **FACULTY**
POT see **CALL**
POUR **blood**: he was pouring blood, *bhí an fhuil ina slaodanna leis*
rain: it was pouring rain, *bhí sé ag cur de dhíon is de dheora/bhí an spéir ina criathar*
s.a. **DRAB (drib)**
POVERTY see **BREED, LIVE**
POWER **beyond**: it is beyond your power, *ní dhéanfadh do cheann fine é*
climb: to climb to power over someone, *dréimire/droichead a dhéanamh de dhuine*
complete: he is completely in their power, *tá sé faoi chuing na cleithe acu/tá halbúis acu air*
movement: since he lost the power of movement in his legs, *ó chaill sé luail na gcos*
s.a. **ELBOW**
PRACTICAL see **JOKE**
PRACTICE **perfect**: practice makes perfect, *den cheird an cleachtadh/ namhaid don cheird gan a cleachtadh*
PRAYER **more**: he says more than his prayers, *deir sé a lán nach bhfuil sa phaidir*
peace: let me say my prayers in peace, *tabhair cead m'anama dom*
PRECARIOUS see **LIVING, POSITION**
PRECOCIOUS see **OLD-FASHIONED**

PREDICTION **true**: his prediction came true, *tháinig a ghuth faoin ngairm aige*
PREPARE **death**: to be preparing for death, *bheith in uacht an bháis*
defend: they prepared to defend themselves, *chuir siad iad féin i dtreoir chosanta*
eventuality: be prepared for eventualities, *bíodh uisce ar do mhaidí agat*
generous: they are always prepared to be generous, *tá an fhéile i gcónaí á fuineadh acu*
go: preparing to go, *ag stócáil le himeacht*
ground: he was preparing the ground, *bhí sé ag baint fód*
news: to prepare someone for bad news, *drochscéala a bhogadh do dhuine*
trouble: you had better prepare yourself for trouble, *tá sé in am agatsa a bheith ag déanamh cnaipí*
PRESS he kept pressing on (until), *níor bhain sé méar dá shrón (go)*
PRESSING see **MOST**
PRETEND see **GIVE (help)**
PRETEXT **slight**: he would go on the slightest pretext, *bhéarfadh adhastar sneachta/súgán sneachta ann é*
PRETTY see **SAVE (penny), SIT**
PREVENT see **NOTHING**
PREVENTIVE see **MEASURE**
PRICE vb. **high**: it is a nice article but very highly priced, *is deas an ball é ach ní deise ná a luach*
s. **huge**: he got a huge price for it, *fuair sé lab air*
sky-high: the price of goods was going sky-high, *bhí luach earraí ag dul sna réigiúin*
s.a. **KNOCK-DOWN**
PRICK **ear**: he pricked up his ears, *chuir sé cluas air féin/ghoin a aire é*
PRIDE **false**: false pride, *leithead mór ar bheagán cúise*
pocket: to pocket your pride, *dul ar an umhlaíocht*
puff: puffed up with pride, *ite le lán/lán de lán/ag imeacht as do chuid éadaigh le taibhse*
sustain: pride that cannot be sustained, *mórtas thóin gan taca*
s.a. **EMPTY, FALL**
PRIEST see **TIME**

PRIME see **LIFE**

PRINCIPAL see **LIFE (worry)**

PRINCIPLE see **STICK**

PROCEED see **PACE**

PROFUSE bleed: he made him bleed profusely, *bhain sé fuil mhairt as*
weep: she wept profusely, *ghoil sí folc*

PROMISE day: if there's promise of a good day for us, *ach an lá a bheith faoi dúinn*
live: the day didn't live up to its promise, *ghabh an lá uime ina thaitneamh*
show: if they showed any promise, *dá mbeadh cosúlacht ar bith orthu*
s.a. **FREE, GET (out), LICK, MOON**

PROPAGATE see **LEAVE**[1]

PROPER chastise: I chastised him properly, *thug mé ullmhú maith dó*
conduct: to conduct yourself properly, *tú féin a ghiúlán go maith*
describe: to describe something properly, *a chomharthaí dílse a thabhairt ar rud*
fit: it doesn't fit properly, *níl sé ina dhíre*
regard: if you had a proper regard for yourself, *dá mbeadh rud sílte agat díot féin*
s.a. **ATTENTION (need), EQUIPMENT, GET (at), ORDER, PLACE, POSITION**

PROPITIOUS see **TIME**

PROPRIETY see **OBSERVE, SENSE**

PROSPECT marriage: her prospects (of marriage) are fading, *tá sí ag dul ó chrích* she went to seek her prospects in marriage, *chuaigh sí ar lorg a drúchtín*
ruin: he ruined his prospects in life, *chuir sé an saol ó chrích air féin*

PROSPER everything is prospering for them, *tá gach aon rud ag méadú chucu* they are prospering in life, *tá siad ag láidriú sa saol*
succeed: he is neither prospering nor succeeding, *níl bunús ná forás air*

PROSPERITY great: he is a man of great prosperity, *tá seacht sraith ar gach iomaire aige*

PROTRACTED sleep: protracted sleep, *codladh an traonaigh/na Caillí Béara/an tsicín sa bharrach*

PROVIDE badly: to provide badly for someone, *bheith i do dhroch-cheann do dhuine*

daughter: he has to provide for his daughters, *tá a iníonacha le cumhdach aige*
necessity: even the smallest necessities have to be provided for, *cé gur beag díol dreoilín caithfidh sé a sholáthar*
s.a. **ENOUGH (need)**

PROVINCE see **WITHIN**

PROVISION see **RUN (out)**

PROVOKE see **DANGEROUS, EASY**

PRUDENT see **GUARD**

PSYCHOLOGICAL see **MOMENT**

PUBLIC see **CENSURE (avoid)**

PUFF see **PRIDE**

PULL along: she pulled him along by the hair, *thug sí léi ar ghreim grágáin é*
devil: to pull the devil by the tail, *bheith ar bhallán stéille an mhadra*
hard: the white horse is pulling too hard for his team-mate, *tá an capall bán ag tabhairt na cuinge amach*
in: pull in your feet, *ceartaigh chugat do chosa*
leg: they are only pulling your leg, *níl siad ach ag baint asat*
through: he might pull through, *b'fhéidir go sraonfaidh sé as*
together: to pull yourself together, *teacht ar d'araíonacha; tú féin a fháscadh suas/a chruinniú*

PULP see **REDUCE**

PUMP information: pumping us for information, *ag taighde feasa orainn*
only: they are only pumping you, *níl siad ach ag tarraingt asat*

PUNISH see **MATTER (no)**

PURPOSE no: I was running hither and thither to no purpose, *bhí rith mhadra an dá cháis orm* doing something to no purpose, *ag fadú tine faoi loch*
serve: it served my purpose, *rinne sé deis dom*
s.a. **MAKE (serve)**

PURSUE hot: they were hotly pursued, *bhí an tine leis na sála acu*

PURSUIT hot: to be in hot pursuit (of someone), *bheith ar teaintiví; bheith díbhirceach/te sa tóir (ar dhuine)*

PUSH see **DETERMINE**

PUT across: his heart was put across him, *d'fhág a chroí a áit aige*
air: putting on airs on account of her beauty, *ag déanamh baoise as a háilleacht*

by: I had a little money put by, *bhí lón beag airgid déanta agam*

in: to put in the day, *an lá a shnoí*

off: death cannot be put off, *ní ghlacfaidh an bás duais*
he was put off his stride, *baineadh dá chosa/dá threoir é*

out: he is easily put out, *is furasta forbairt air*
to put yourself out to do something, *dua ruda a fháil*
he put himself out on my account, *chaith sé comaoin liom*

shame: to put someone to shame, *a náire a bhaint as duine*

squeeze: to put the squeeze on someone, *na slisní a theannadh ar dhuine*

stay: stay put, *fan fút/fan i bhfos*

strength: he put all his strength into it, *lig sé amach a neart air*

test: I have seen you put to the test, *tá triail agam ort*
when he was put to the test, *nuair a tháinig air*
to put someone to the test of his honour, *duine a chur faoi bhrí na honóra*

together: it is well put together, *tá sé i gceann a chéile go maith*
trying to put a home together, *ag bailiú tís*
to put something together in a careless manner, *leathdhéanamh a thabhairt ar rud*

trouble: I don't want to put you to the trouble of a journey, *ní maith liom an siúl a bhaint asat*
don't put yourself to so much trouble, *ná faigh an méid sin dá shaothar*

up: to put up with something, *bheith ag broic le rud/bheith fulangach ar rud/gabháil le rud*
it's hard to put up with them, *is doiligh ríochan leo*
you must put up with them, *caithfidh tú treabhadh leo*
you put him up to it, *eisean a rinne é ach tusa a d'údaraigh é*
he didn't put up much of a struggle, *nach dona an sea a bhí ann/is gearr a sheas sé*

way: to put yourself in the way of doing something, *dul i gcaoi ar rud a dhéanamh*

s.a. **DISADVANTAGE**, **EDGE**, **LEAST**, **OAR**, **PIPE**, **PLACE**, **SCREW**, **STOP**

PUZZLE to be puzzled by something, *rud a bheith ina aincheas ort*

Q

QUAKE **boots**: quaking in his boots, *ar crith ina chraiceann*

QUALITY **bad**: bad qualities are bound to show, *tagann an chré bhuí aníos*
he inherited his bad qualities from his mother, *dhiúl sé an chíoch bhradach*

QUANDARY: to be in a quandary, *bheith i gcúil aon chinn/i ngalar na gcás/i dteannta*

QUARREL they are always quarrelling, *tá siad ag ithe a chéile ar fad*
s.a. **ACQUAINTANCE**, **INVOLVE**

QUARTER **close**: at close quarters, *bonn le bonn*
unexpected: the news came from an unexpected quarter, *aniar aduaidh a tháinig an scéala*

QUEER see **FEEL**, **ONLY**

QUICK **buy**: cows are being bought up quickly today, *tá na ba lasta inniu*
run: he took a quick run home, *thug sé breabhaid ar an mbaile*
succession: in quick succession, *muin ar mhuin*
s.a. **CHANGE (mind)**, **MARK (off)**

QUICKEN see **PACE**

QUIET see **GO**, **HEAD (tongue)**

QUI VIVE to be on the qui vive, *bheith ar do mhine ghéire*

QUOTE **chapter**: to quote chapter and verse, *urra a chur le hacht*

R

RACE[1] **road**: racing each other along the road, *ag baint an bhóthair dá chéile*

RACE[2] see **PERISH**

RACK **ruin**: to go to rack and ruin, *dul chun anró agus ainreachta/dul in éagruth*

RAG see **DRESS**

RAGE see **FLY**, **TEMPER**, **UNCONTROLLABLE**, **VIOLENT**

RAIN vb. **always**: it won't always be raining, *tiocfaidh an lá fós a mbeidh gnó ag an mbó dá heireaball*

going: it's going to rain, *tá braon air*

start: don't go when it's starting to rain, *ná bí ag imeacht i mbrollach na fearthainne*

stop: to stop raining, *eatramh/aiteall/turadh a dhéanamh*

torrent: it rained torrents, *chuir sé dobhair/dhoirt sé an díle*

s. **gather**: it's gathering rain fast, *tá fuadar fearthainne faoi*

over: wait till the rain is over, *fan go ndéana sé turadh*

s.a. **BLOW, BLOW (up), BREAK, BRING, CAT (dog), CATCH, CHANGE (weather), DROP, EASE (off), LOOK (set), LOT, POUR, THREATEN**

RAINY day: for the rainy day, *le haghaidh na coise tinne*

RAISE see **HARE, UPROAR**

RANDOM see **SHOT**

RANKLE see **MIND**

RANT see **MATTER (no)**

RAPID see **CHANGE (mood) (weather), CONVALESCE, GROW**

RATION see **SHORT**

RAVE see **MATTER (no)**

RAW see **EDGE**

REACT see **KNOW (how)**

READ clock: to be able to read the clock, *an clog a aithint*

weather: to read the weather signs *éifeacht a bhaint as an aimsir*

s.a. **CHARACTER**

READY eager: he was ready and eager to go, *bhí sé ar sheol na braiche ag imeacht*

fall: this house is ready to fall, *tá an teach seo ag faire ar thitim*

get: the fishermen are getting ready, *tá na hiascairí ag mogallú*

it is time for us to get ready, *tá sé in am againn a bheith ag úmachan*

get ready to go, *bain do chipín*

get yourself ready, *léirigh ort*

scream: she was ready to scream, *bhí sí sa chruth is go screadfadh sí*

s.a. **ACTION, ATTACK, BLOW (come), BREAK (tear), FREE (talk), LAST (rest)**

REAL see **CAUSE, DO (injury)**

REALIZE see **BEGIN**

REAPING see **SHORT**

REASON every: he had every reason to be in good humour, *ní raibh dochar dó aoibh a bheith air*

rhyme: there is neither rhyme nor reason to it, *níl binneas ná cruinneas ann*

see: to make someone see reason, *duine a thabhairt chun céille*

use: to come to the use of reason, *teacht chun céille*

within: he would do anything within reason for you, *dhéanfadh sé rud cothrom ar bith duit*

s.a. **APPARENT, BRING, KEEP (out)**

RECEDE flood: the flood is receding, *tá an tuile ag breith chuici*

RECKONING day: the day of reckoning has come, *tá an cairde caite*

there must always be a day of reckoning, *níl aon bhanna nach dtagann a dháta*

pay: to pay the reckoning, *an scot/an dola a íoc*

RECOGNIZE path: they follow no recognized path, *ní leanann siad caoi ná conair*

s.a. **APPEARANCE, ENOUGH (near)**

RECOIL see **WISH (evil)**

RECOLLECTION see **CLEAR**

RECORD vb. **nowhere**: it is nowhere recorded, *níl sé i laoi ná i litir*

RECOVER complete: he's completely recovered, *tá sé ar a sheanléim arís/ina sheanrith*

illness: to recover from illness, *scinneadh ó bhreoiteacht*

he is recovering from illness, *tá sé ag biorú*

wit: he was recovering his wits, *bhí a mheabhair ag teacht dó*

s.a. **NEVER**

RECOVERY beyond: he is beyond recovery, *tá a bhiseach tugtha/ar iarraidh*

RECRIMINATION end: I'm afraid it will end in recriminations, *is baol gur guth a dheireadh*

RECURRENT see **GET (cold)**

REDEMPTION beyond: to be beyond redemption, *bheith ó tharrtháil*

REDHANDED catch: to catch someone redhanded, *breith maol/san fhoghail ar dhuine*

RED-LETTER a red-letter day, *lá croídhílis*

REDUCE beggary: they'll reduce him to beggary, *cuirfidh siad an mála aniar air*

pulp: you have reduced it to pulp, *tá sé ina bhrúitín agat*

they'd reduce us to pulp, *dhéanfaidís dramhaltach dínn*

silence: I was reduced to silence, *rinneadh meig díom*

skeleton: he's reduced to a skeleton, *níl ann ach na ceithre uaithne*

tear: to reduce someone to tears, *deora a bhaint as duine*

s.a. **INACTIVITY, NOTHING**

REFRESHMENT see **LEAVE**[1] **(without)**

REFUSAL see **INVITE**

REFUSE obstinate: to refuse obstinately to do someone's bidding, *dul chun diúnais ar dhuine*

request: to refuse someone's request, *an t-eiteachas a thabhairt do dhuine*

s.a. **BUDGE, EAT, MEAL, PAIN**

REGARD s. he has no regard for God or man, *ní ghéilleann sé do Dhia ná do dhuine*

he has no regard for me, *níl cuntanós aige dom*

out of regard for him, *le hionracas dó*

they have such regard for him, *tá sé chomh gradamach acu*

vb. that is how they always regarded us, *sin an mana a bhí riamh acu dúinn*

joke: except insofar as it may be regarded as a joke, *thar/amach ó chuid ghrinn de*

s.a. **ANNOYANCE (petty), CHARACTER, OMEN (bad), PROPER**

REGARDLESS see **OFFEND**

REGRET more: nobody could regret it more than I, *ní raibh m'aithreachas ar aon duine riamh*

REIN see **FREE**

REJECT worthless: to reject something as worthless, *díogha a dhéanamh de rud*

RELAPSE he got a relapse, *buaileadh síos faoi athchúrsa é*

cold: I had a relapse of the cold, *d'iompaigh an slaghdán orm*

RELATED see **SUPPOSE**

RELATION strain: relations are strained between them, *níl siad ar na bóí le chéile*

RELIEVE pain: to relieve pain, *pian a fhuarú*

tedium: they relieved their tedium with chatter, *bhain siad an dúradán dubh dá gcroí le cabaireacht*

RELISH vb. **food**: he relishes his food, *tá mil ar an mbia aige*

s. **drink**: he drank it with relish, *d'ól sé go húr/go blasta é*

eat: he ate it with relish, *d'ith sé go cineálta/go milis é*

RELUCTANT to be reluctant to do something, *draighean a bheith ort rud a dhéanamh*

come: he came reluctantly, *dá neamhthoil/i ndiaidh a chos a tháinig sé*

go: he is reluctant to go, *is doiligh leis imeacht*

he went there reluctantly, *chuaigh sé ann in aghaidh a chos*

speak: he was reluctant to speak, *bhí ceist air labhairt*

RELY I'm relying on him, *is é mo bhuinneán cuinge é*

to rely on someone, *taobh a thabhairt le duine*

goodness: I'm relying on his goodness, *tá mé i ndóchas a mhaitheasa*

health: if I could rely on my health, *dá mbeadh an tsláinte ag feitheamh dom*

much: don't rely too much on earthly glory, *ná bíodh teann agat as glóir shaolta*

REMAIN let: don't let me remain in sorrow, *ná fulaing mé faoi bhrón*

trace: not a trace of it remains, *níl ach liú ar a áit*

s.a. **LITTLE (life)**

REMARK cutting: cutting remarks, *géaradas cainte; gearraíocht/ gearrthóireacht/goineogacht chainte*

to address cutting remarks to someone, *bheith ag bearradh ar dhuine/chuig duine*

silly: to make silly remarks to someone, *dul ar an tsimplíocht le duine*

sting: he was never at a loss for a stinging remark, *níor theip an ghoineog riamh air*

worst: the worst remark he could think of, *an spalla ba mheasa ina bhéal*

s.a. **EXCUSE, MEAN, PASS**

REMARKABLE it's remarkable my heart doesn't break, *is láidir nach mbriseann mo chroí*

it's a remarkable thing, *tá léann agus leabhair air*

he did the most remarkable things, *bhí suaithníocht ar na rudaí a rinne sé*

s.a. **GROW (tall)**, **LOT**

REMEDY beyond: it has gone beyond all remedy, *tá sé thar taomadh/chuaigh sé thar a thaomadh*

REMISS see **AFFAIR**

REMOTE see **AGE**

REMOVED see **COUSIN (first)**

RENOUNCE see **UTTERLY**

REPAIR beyond: it is damaged beyond repair, *tá sé ina mhúr thar grian*

my shoes are worn beyond repair, *tá mo bhróga ó cheap is ó choisíocht*

s.a. **GOOD**

REPEATED see **CAREFUL (warn)**

REPENT see **TIME**

REPENTANT see **LEAST**

REPORT see **CONSEQUENCE, CONTRADICTORY**, **GO (by)**

REPRIEVE death: to get a reprieve from death, *ceathrú anama a fháil*

REPROACH vb. **disgrace**: you'll be neither reproached nor disgraced for it, *ní bhfaighidh tú guth ná náire as*

transgression: reproaching him for his transgressions, *ag spreagadh a choireanna dó*

s. **no**: it is no reproach to you, *ní scéal ort é*

REPROVE his mother reproved him for that, *d'éiligh a mháthair air faoi sin*

look: he won't reprove you even by a look, *ní thabharfaidh sé súil ghruama ort*

REPUTATION see **BLOT, DESTROY, DRAG (down), FOLLOW, GET**

REQUEST see **REFUSE**

REQUIRE strength: it required all his strength, *ba é a chrobhneart é*

REQUITE to requite someone, *díol fiach a thabhairt do dhuine*

to requite someone poorly, *droch-chomaoin a thabhairt do dhuine*

RESENTMENT nurse: he nurses a resentment against us, *tá an chruimh faoin bhfiacail/sa tsrón aige dúinn*

RESERVE see **NOTHING**

RESIGN courageous: resign yourself courageously to it, *glac ina mhórmhisneach é*

die: he was resigned to die, *bhí sé déanta lena bhás*

RESORT see **LAST**

RESOUNDING see **BLOW**

RESOURCE he who has no resources, *an té nach bhfuil teann aige*

s.a. **END**, **LAST**

RESPECTER see **PERSON**

RESPONSIBILITY that is the responsibility of the woman of the house, *ar bhean an tí a théann sin*

s.a. **ACCEPT, EVADE, LIGHT**[1]

REST vb. **foot**: I haven't rested my feet all day, *níor chuir mé cos i dtruaill ó mhaidin*

heal: I have to rest my hand to let it heal, *tá mo naomhaí á chaitheamh agam le mo lámh*

s. **bone**: to give your bones a rest, *comhstraein a chur ar do chnámha*

peace: they give me neither rest nor peace, *ní thugann siad foras ná suaimhneas dom*

work: to take a rest from work, *do dhroim a dhíriú*

s.a. **LAST, LET, NEVER**

RESTLESSNESS see **CRY**

RESTORE see **CHARACTER (blacken)**

RESTRAIN from: to restrain someone from doing something, *duine a fhuireach ó rud*

he could hardly restrain himself from hitting me, *ba mhór an obair/rud dó gan mé a bhualadh*

laugh: to restrain a laugh, *cúl a choinneáil ar gháire*

he was restraining himself from laughing, *bhí sé á iongabháil féin ar na gáirí*

no: there's no restraining them, *níl ríochan leo*

s.a. **ENOUGH, FEELING**

RESTRAINT throw: they are throwing off all restraint, *tá siad ag scaoileadh leo féin*

under: he is under no restraint, *níl cuing ná ceangal air*

s.a. **CAST (aside)**

RESULT see **JUDGE**

RETCH see **VIOLENT**

RETRACE see **WAY**

RETURN journey: a journey of no return, *turas gan iompú*

s.a. **SERVICE**
REVEAL see **INTENTION**
REVILE see **CHARACTER**
REWARD see **JUST**
RHYME see **REASON**
RIBBON see **CUT**
RICH see **IMMENSE**
RID to get rid of mice, *lucha a dhísciú*
   glad: I'd be glad to get rid of it,
      thabharfainn conradh ann
RIDE front-saddle: to ride front-saddle
   with someone, *marcaíocht a dhéanamh*
   ar bhéala duine
   furious: to ride furiously, *spoir a*
      theannadh agus srianta a scaoileadh
   hard: he rode the horse hard for home,
      bhain sé deatach as an gcapall
      abhaile
   roughshod: they're riding roughshod
      over me, *tá siad ag éirí in*
      airde/thuas orm
RIGHT see **BEHIND, DEMAND,**
   NOTHING, OWE, PLACE, ROAD,
   SERVE, USE, WHATEVER, WRONG
RINSE see **WATER (clean)**
RIPE see **LIVE (age)**
RISE see **ESTEEM**
RISK see **ANYTHING, CATCH (cold)**
RIVER see **DOWN, SWELL**
ROAD right: he put me on the right
   road, *thug sé eolas an bhealaigh dom*
   s.a. **MEET, OPEN, RACE**
ROB see **PAUL (Peter)**
ROCK see **CLEAR**
ROCKER he has gone off his rocker, *tá sé*
   éirithe amach ón gcairt
ROD pickle: he has a rod in pickle for
   you, *tá bior sa tine aige duit*
ROOF see **LEAK**
ROOM always: there is always room for
   charity, *is beag an áit a dtoilleann an*
   charthanacht
   spare: we have room to spare, *tá*
      fuílleach fairsinge againn
ROOST rule: she rules the roost, *is aici*
   atá an maide leitean
ROPE see **KICK (snow), PLENTY**
ROUGH smooth: trying to take the
   rough with the smooth, *ag iarraidh an*
   t-olc a shnáthadh leis an maith
   s.a. **CUT, TREAT**
ROUGHSHOD see **RIDE**
ROUND vb. **on**: she rounded on him,
   dhearg/dhírigh sí air

   up: to round up cows, *ba a*
      chluicheadh
   adv.& prep. to get round someone,
      ionramháil a dhéanamh/teacht ó
      thaobh na gaoithe ar dhuine
   corner: he came at me round a corner,
      tháinig sé de dhroim cúinne orm
   handshake: there were handshakes all
      round, *bhí croitheadh lámh ansin*
   search: I searched all round the
      mountain for them, *chuir mé an*
      sliabh i bhfáinne ar a lorg
   talk: to talk someone round, *duine a*
      thabhairt chun caidirne
   talking round a subject, *ag fódóireacht*
      timpeall ar scéal
   s. **stand**: to stand your round,
      d'fhiúntas a sheasamh
   s.a. **CALL (in), GO, SHOOT**
ROUSE see **PASSION**
ROUT enemy: to put an enemy to rout,
   cathbhearna a bhriseadh ar namhaid
ROW see **CAUSE, KICK, START**
RUB see **SHOULDER, WAY (wrong)**
RUCTION see **START**
RUE heart: what the eye sees not the
   heart rues not, *is cuma leis an dall cé air*
   a bhfuil an bhreall
RUIN they have ruined me, *tá mé curtha*
   ó theach is ó threibh acu
   it will ruin nobody to give them a bite to
      eat, *ní díth d'aon duine greim a*
      mbéil a thabhairt dóibh
   end: he'll ruin himself in the end,
      cuirfidh sé droch-chríoch air féin
   year: they ruined the year for me, *chuir*
      siad ó rath na bliana mé
   s.a. **BRING, PROSPECT, RACK, RUSH**
   (headlong), UTTERLY
RULE see **BECOME, ROOST, RUN**
RUMOUR baseless: baseless rumour,
   scéal earraigh
   pass: I heard a passing rumour (that),
      chuala mé ag dul tharam (go)
   wild: wild rumour, *scéal chailleach an*
      uafáis
RUN after: he is forever running after
   her, *tá sé ag caitheamh na mbróg/na*
   spor ina diaidh
   away: you're letting your imagination
      run away with you, *tá scailéathan ort*

his horse ran away with him,
d'fhuadaigh a each é

gauntlet: he was made to run the
gauntlet, *bhí air dul faoi na
súistí/fuair sé bascadh reatha*

helter-skelter: running helter-skelter,
ag imeacht ar caorthainn chárthainn

they ran helter-skelter for the door,
*rinne siad ar mhullach a chéile ar
an doras*

mind: to let your mind run on
something, *sruthmhachnamh a
dhéanamh ar rud*

out: don't let them run out of food, *ná
lig as bia iad*

if the money runs out, *má théann ar
an airgead*

my provisions are running out, *tá mo
lón ag dul i ndísc*

I was run out of the place, *fiachadh as
an áit mé*

rule: to run the rule over something,
slat a chur ar rud

short: I was running short of it, *bhí sé
ag éirí gann orm*

side: they were running side by side,
bhí siad sínte le chéile sa rás

s.a. **BETTER, BREAK, DEAR (life),
MAKE, QUICK, PURPOSE (no),
WILD**

RUSH vb. **hard-pressed**: rushing a man
who is already hard-pressed, *ag brostú
fhear na broide*

headlong: you are rushing headlong to
destruction, *tá rabhartha
d'aimhleasa fút/tá tú ag dul chun an
diabhail le fána*

don't rush headlong into ruin, *ná bí
éasca ar d'aimhleas*

use: there's no use rushing things, *caith
aga leis/mhoilligh Dia an deifir*

vehement: he rushed vehemently at
me, *thug sé sitheadh santach orm*

s. **excitement**: to do something in a
rush of excitement, *rud a dhéanamh
faoi dhriopás*

great: he was in a great rush, *bhí
buinne mór faoi*

terrible: aren't you in a terrible rush!
nach oraibh atá an faobhach!

RUST idleness: idleness rusts the mind,
intinn dhall ag leadaí na leisce

S

SACK he got the sack, *cuireadh chun
bealaigh é/fuair sé a thópar*

SACRAMENT see **LAST**

SACRIFICE self: the mother who is
sacrificing herself for you, *an mháthair
atá ag titim libh*

something: something must be
sacrificed, *beidh a cuid féin ag an
deachú*

s.a. **ENOUGH**

SADLY see **ABUSE**

SAFE arrive: to arrive safely, *cuan agus
caladh a bhaint amach*

side: to be morally on the safe side, *ar
eagla na fala thuas*

s.a. **PLACE**

SAID done: when all is said and done, *le
gach uile údramáil; tar éis na
mbeart/an tsaoil*

SAIL see **FULL**

SAILING plain: it is all plain sailing for
him, *tá an bhearna réidh roimhe*

SALT card: he salted him (at cards),
bhain sé a chreat dó

s.a. **PINCH**

SAME it's all the same to you,
comhbhuíochas duit é

it was the same with me, *b'ionua
agamsa é; ní táire/taise domsa é*

s.a. **BEHAVE, COME, TAR (brush),
TRACK**

SARCASTIC see **TONGUE**

SATE they are sated with food and drink,
tá siad chomh líonta le frog fómhair

they are sated with oysters, *tá ceas orthu
ag oisrí*

SATISFY see **EASY**

SAVE fire: save your fire, *ná loisc do
phúdar*

harvest: my harvest is not yet saved, *tá
mo chuid fómhair ar lár*

journey: he saved me a journey, *choisc
sé aistear dom*

life: that saved his life, *thug sin ón
mbás é*

penny: he has saved a pretty penny, *tá
pingin mhaith sa spaga aige*

wrath: to save me from his wrath, *chun
aghaidh a chaoraíochta a bhaint
díom*

s.a. **CONSEQUENCE, MARK**

SAY anything: don't say anything about it, *ná bíodh aon teacht thairis agat/ná cloisim i do dhiaidh é/ná hinis don talamh é*

not to say anything (acrimonious) to him, *gan 'cat dubh' ná 'cat bán' a rá leis*

everything: he has something to say about everything, *meileann sé mín is garbh*

forever: you are forever saying that I stole it, *níl ann agaibh ach gur ghoid mé é*

harm: it won't do you any harm to say it, *ní dhéanfaidh sé spuaic ar do theanga*

let: let it not be said about you, *ná bíodh sé inráite leat*

more: say no more about it, *fág marbh é*

s.a. **ABLE, BLUNT, DEMEAN, DISTORT, EASY, GREAT (fellow), KNOW (how), MANAGE, MATTER (no), MEAN, NOTHING, PLENTY, PRAYER (more) (peace), STRAIGHT (out), WORD**

SAYING old: as the old saying goes, *mar a deir an duine aosta*

SCARCE see **MAKE**

SCARCELY see **ABLE (stand), EMOTION (speak)**

SCATTER see **DIRECTION**

SCENE make: to make a scene, *aonach a dhéanamh*

SCHEME see **DEVISE**

SCHOOL dancing: she was well schooled in dancing, *thug sí an damhsa ó bhuaile léi*

SCOLDING bit: she gave him a bit of a scolding, *thug sí cuimilt den teanga dó*

quite: she gave him quite a scolding, *chuir sí go béal a dheisithe é/thug sí dó ó thalamh é*

severe: to give someone a severe scolding, *gearradh teanga a thabhairt do dhuine*

unmerciful: to give someone an unmerciful scolding, *an diabhal a thabhairt le hithe do dhuine*

SCORE settle: I have a score to settle with him, *tá cúis amuigh agam air*

SCOT-FREE he went scot-free, *thug sé a cháibín saor leis*

SCRAMBLE see **SHARE**

SCRAP not: there isn't as much as a scrap in it, *níl dubh d'iongan ann*

SCRAPE it scraped off me, *scrios sé díom*

to scrape up money, *airgead a chonlú*

s.a. **LIVING**

SCRATCH vb. **even**: he's not even scratched, *níl béim iongan air*

s. **up**: to come up to scratch, *teacht chun boinn*

without: he came through without a scratch, *níor bhain béim chreabhair dó/ní dhearnadh deargadh an chreabhair air*

SCREW loose: he has a screw loose, *tá fleasc air*

put: to put the screws on someone, *duine a chur faoi luí na bíse*

s.a. **HEAD**

SCURRILOUS to treat someone in a scurrilous manner, *bheith madrúil le duine*

SCURRY see **DIRECTION**

SCYTHE see **BLUNT**

SEAL see **BARGAIN (drink), LIP**

SEARCH see **ROUND**

SECRET see **KEEP**

SECURE place: to secure a place for yourself, *ionad a ghreamú duit féin*

SEE come: if you could see what was to come, *dá mbeadh fios ag duine*

lie: I can see that he is lying, *fionnaim an bhréag air*

self: I can see for myself, *tá amharc mo shúl agam*

significance: I cannot see the significance of it, *ní thig liom breithiúnas a bhaint as*

similarity: I see no similarity between the two things, *is neamhionann liom an dá rud*

stime: he can't see a stime, *níl dé/splanc/spré amhairc aige; níl splinc (de radharc) aige; níl léar ina cheann; níl léas radhairc aige; níl léas ina shúile*

want: he wants everything he sees and likes, *mian mic a shúil*

s.a. **BELIEVE, NOTHING (strange), REASON, RUE (heart)**

SEEM see **PASS (long)**

SEIZE see **BODILY**

SELF-EVIDENT it is self-evident, *tá a chosúlacht lena chois*

SELF-RESPECT see **LOSE**

SELF-WILLED he is self-willed, *tá an diúnas istigh ann*

SELL see **DOWN (river)**

SEND **packing**: send him packing, *tabhair lán a bhonn den bhóthar/den chnoc dó*

sprawling: he was sent sprawling, *fágadh sínte ar a fhad is ar a leithead é/tugadh a chroibh os a chionn; rinneadh gamhain/leircín/ steipineach de*

s.a. **ERRAND (fool)**, **TRAVEL**

SEND-OFF **gracious**: he didn't give me a very gracious send-off, *ní maith an phaidir a chuir sé i mo bhóthar*

SENSATION see **LOCAL**

SENSE **child**: he has no more sense than a child, *tá sé ar chiall na bpáistí*

come: to come to his senses, *teacht ar a araíonacha*

economy: she has no sense of economy, *níl aon teilgean inti*

have: have some sense, *bíodh éifeacht leat/bíodh siosmaid ionat*

hold: take hold of your senses, *beir ar do stuaim*

more: he has more sense than to do as you do, *tá a athrach de chiall aige gan a bheith ag aithris ortsa*

ounce: he hasn't an ounce of sense, *níl screatall aige*

propriety: to have a sense of propriety, *cuibheas a bheith ionat*

talk: talk sense, *bíodh fuaimint leat*

s.a. **CONFUSE**, **DEPRIVE**, **FUND**, **LEAVE**[2], **LOSE**, **MAKE**, **OVERBURDEN**

SENSELESS see **KNOCK**

SENSIBLE that's a sensible thing for him to do, *tá ciall dó ansin* he's not the most sensible of them, *ní hé is troime ciall acu*

SENTIMENTAL **mawkish**: to be mawkishly sentimental, *an deoir a bheith ar an tsúil agat*

SEPARATE see **WAY**

SERIOUS see **JOKE**, **TAKE**

SERVE **right**: it serves him right, *a chonách sin air/is beag an trua é/tuilleadh tubaiste chuige/is é a dhéanamh leis é/is maith an díol air é*

s.a. **MAKE**, **PURPOSE**

SERVICE **return**: you might be able to do me a return service some time, *b'fhéidir go dtiocfadh mo ghar ort uair éigin*

s.a. **POSITION**

SET s. I'm not one of his set, *ní dá bhuíon mé/ní duine dá chóisir mé*

adj. **action**: to get set for action, *breith ar do ghreamanna*

all: he's all set, *tá jib air*

everything: everything is set, *tá an tairne ar an troigh*

fight: he was set for a fight, *bhí feistiú troda air/bhí sé ar tinneall chun troda*

go: he was set to go, *bhí ionsaí faoi ag imeacht*

vb. **about**: you should have set about it yourself, *bhí sé iniarrtha agat féin* to set about doing something, *ucht a thabhairt ar rud a dhéanamh* they set about us with sticks, *chuaigh siad inár gceann le bataí*

agog: it set them all agog, *chuir sé ar fuaidreamh ar fad iad*

back: the bad weather will set us back, *beidh thiar orainn ag an drochaimsir*

foot: I wouldn't set foot there, *dheamhan mo chos a rachadh ann*

off: to set off an attire, *de bhiseach ar fheisteas* what set them off? *céard a chuir an fíbín orthu?*

poser: you set me a poser, *chuir tú mo sháith de cheist orm/thug tú cáithnín dom*

tongue: you have set tongues wagging about me, *tá mé tógtha i mbéal agaibh*

up: if he is as good as he sets himself up to be, *má tá sé chomh maith lena ligean amach*

s.a. **ATTACK**, **EDGE**, **LOOK**, **MIND**, **PACE**

SETTLE **among**: settle it among yourselves, *eadraibh féin a tharla sé*

daughter: he has to settle his daughters, *tá a iníonacha le cumhdach aige*

down: he is settled down there, *tá sé ar ancaire ann* he can't settle down anywhere, *níl sé ach ó phort go port* he's married and settled down, *tá glaicín air*

family: he settled his family, *chuir sé a chlann i gcrích*

in: to settle yourself in a chair, *tú féin a dheasú i gcathaoir*

nothing: nothing is ever settled by fighting, *is olc bua na bruíne agus is measa a díomua*

shopkeeper: I settled with the shopkeeper, *ghlan mé le fear an tsiopa*

water: where the water settled, *an áit ar chónaigh/ar lonnaigh an t-uisce*

weather: the weather is becoming really settled, *tá an aimsir ag daingniú*

s.a. **HASH**, **SCORE**

SEVERE   see **SCOLDING**

SEW   see **DARK**

SHABBY   see **TREAT**

SHADE   see **FALL (night)**

SHADOW   see **WEAR**

SHADY-LOOKING   customer: he's a shady-looking customer, *tá drochleagan air*

SHAKE   that shook him, *bhain sin biongadh as*

that question shook me, *bhain an cheist sin iompú asam*

shoe: you made him shake in his shoes, *chuir tú eagla a choirp/a chraicinn air*

SHAME   see **DEPEND**, **OVERCOME**, **PUT**

SHAMEFACED shamefaced appearance, *scéimh na haiféala*

SHAPE vb.   **like**: shaped like an ear, *ar cheapadh cluaise*

up: shaping up for a fight, *ag séapáil chun troda*

s.   **bad**: he's in bad shape, *tá sé léirithe go maith*

s.a. **FORM**

SHARE vb.   **everything**: he shared everything with me, *níor cheil sé a chineál orm*

scramble: it's better to share than to scramble, *is fearr cuid ar leith ná coimhlint*

s.   **heavy**: I had to do the heaviest share of the work, *thit meáchan na hoibre orm*

kitty: to have a share in the kitty, *bheith sa leac*

lion: to give yourself the lion's share, *roinnt an bhodaigh a dhéanamh ar rud*

the lion's share, *cuid Mhic Craith den fhia*

small: the smallest share of anything, *cuid Pháidín den mheacan*

unfair: I was given an unfair share of the work, *tugadh éagothrom na hoibre dom*

work: let you do your own share of the work, *déansa d'ucht féin den obair*

s.a. **ABLE (claim)**, **ALIKE**, **BOARD**, **GET (out)**, **MISFORTUNE**

SHARP   ear: he has sharp ears, *tá éisteacht na muice bradaí aige*

eye: he has a sharp eye, *tá súil choncair aige*

look: to look sharply at something, *bior a chur ar do shúile le rud/do shúile a bhíorú ar rud*

look-out: keep a sharp look-out, *coinnigh do shúil feannta*

speak: to speak sharply to someone, *dairt den teanga a thabhairt do dhuine/géarú ar dhuine*

sting: there's a sharp sting in the evening, *tá clipe ar an tráthnóna*

tongue: he has a sharp tongue, *tá bior ar a theanga*

SHARP-WITTED   he is extremely sharp-witted, *tá sé chomh géar le snáthaid*

SHEEP   see **CAST (eye)**

SHELF   to be on the shelf, *bheith sa ghearradh díobh*

SHIELD   wind: the rock shielded us from the wind, *bhris an charraig an ghaoth dúinn*

SHILLING   see **DOWN**

SHINE   take: I'll take the shine off him, *bainfidh mise an bláth de*

SHOCK   vb.   it would shock you, *bhainfeadh sé an t-amharc as an tsúil agat/chuirfeadh sé scáthshúilí ort*

s.   **die**: to die (of shock), *do bhradán beatha a chur amach*

suffer: the shock he suffered as a result of the blows, *an choscairt a fuair sé ó na buillí*

SHOE   see **GIVE**, **PINCH**, **SHAKE**

SHOOT   bolt: he has shot his bolt, *tá an t-urchar deireanach scaoilte aige*

past: he shot past us, *chuaigh sé de sciotán tharainn*

round: he shot round the corner, *chaith sé an cúinne*

SHOPKEEPER   see **SETTLE**

SHORT   cut: to take the short cut, *dul an cóngar*

extremely: it is extremely short, *níl fad fidirne ann*

of: short of doing it myself, *faoi bhun é a dhéanamh mé féin*

penny: I was a penny short, *bhí mé pingin siar*

ration: to be on short rations, *bheith ar an bpláta beag*

reaping: the corn is too short for reaping, *níl clúdach an chorráin san arbhar*

s.a **LEAVE**[1], **LONG (way)**, **RUN**, **STRAW**, **THINK**

SHOT have: he's going to have a good shot at winning the case, *tá urchar mór aige go mbuafaidh sé an cás*

like: it was done like a shot, *sin an guth a fuair an fhreagairt*

random: random shot, *urchar bodaigh i bpoll móna*

s.a. **DARK**, **WIDE**

SHOULDER rub: he rubbed shoulders with me at the fair, *chuimil sé liom ar an aonach*

s.a **HEAD**

SHOUTING see **BAR**

SHOW vb. **contempt**: he said it to show his contempt for me, *le seanbhlas orm a dúirt sé é*

endurance: he showed great endurance, *ba mhór an triail a bhí ann*

face: they didn't refuse to show their face in battle, *níor dhiúltaigh siad cúinse i ngleo*

journey: I had little to show for my journey, *ní raibh mo thuras inmhaíte orm*

just: just to show you, *mar choncas duit*

kindness: to show kindness to someone, *bheith grástúil le duine*

lie: that showed he was lying, *ba é sin cruthú na bréige air*

mettle: show your mettle, *foilsigh do mheanma*

off: don't be showing off, *ná bí ag déanamh corp ar clár díot féin/ná bí ag déanamh leithid*

sign: he showed signs of drink, *bhí lorg an óil air*

the day shows signs of rain, *tá cló báistí ar an lá*

the day shows no sign of improving, *níl aon bhreacadh fós ar an lá*

your coat shows signs of wear and tear, *tá séala a caite ar do chasóg*

tooth: he showed his teeth, *chuir sé scaimh air féin*

up: it doesn't show up well against the brown, *níl sé feiceálach leis an donn*

s. **make**: he makes a great show of doing things, *bíonn mórán cúinsí ar siúl aige*

don't make a show of yourself, *ná déan ceann (ar clár)/suaitheantas díot féin; ná bí sonraíoch/suaithní*

don't make a public show of us, *ná tabhair aghaidh an phobail orainn*

s.a. **ABLE**, **GO**, **PROMISE**

SHOWER vb. **kindness**: to shower kindnesses on someone, *duine a chlúdach le mil*

s.a. **BRING (on)**, **COME**

SHRED see **TEAR**[1]

SHRINK from: who did not shrink from facing the warriors, *nár dhiúltaigh do chúinsí na dtréan*

into: he shrank into himself, *chonlaigh sé chuige*

s.a. **NOTHING**

SHUT ear: if you don't like it shut your ears to it, *mura dtaitníonn sé leat cuir méar i do chluas*

off: you are shutting me off (from the light), *tá tú i m'fhianaise*

up: he made him shut up, *chuir sé béalsreang air/faoi; chuir sé clabhsúr air; chuir sé corc ann; chuir sé meilceadán ina bhéal; rinne sé duirc de*

SICKEN it sickened him, *chuir sé fonn orla air/chuaigh sé chun síocais dó*

SICKLY see **LOOK**

SIDE lurch: lurching from side to side, *ag guailleáil anonn is anall*

on: you were always on my side, *bhí tú riamh fabhrach dom*

smooth: its smooth side out, *a chaoin amach*

soft: to get on the soft side of him, *an ball bog a fháil ann/an t-áth a fháil air/ lag a bhaint as/teacht ó thaobh na gaoithe air*

split: they were splitting their sides laughing at him, *bhí siad in arraingeacha ag gáire faoi*

wrong: he got out the wrong side of the bed, *d'éirigh sé ar a chos chlé*

to make someone laugh on the wrong side of the mouth, *an magadh a chur ina dháiríre ar dhuine*

s.a. **BOTH, PAIN, RUN, SAFE, STICK**
SIDEWAYS **look**: he looked sideways at
me, *d'fhéach sé i ndiaidh a leicinn orm*
throw: he was thrown sideways,
caitheadh fiarfhleascán é
SIGHT vb. **island**: they sighted the island
from the west, *d'ardaigh siad an
t-oileán aniar*
s. **drive**: to drive someone out of your
sight, *droim díbeartha a chur le
duine*
fail: his sight is failing, *tá sé ag dorchú
san amharc*
note: he noted everything in sight,
bhreathnaigh sé faoi agus thairis
tuck: tucked away out of sight, *faoi
thóin cise*
s.a. **EYE**
SIGN see **READ (weather), SHOW**
SIGNIFICANCE see **SEE**
SILENCE **ominous**: ominous silence,
suan na muice bradaí
suffer: to suffer something in silence,
rud a bhrú ar d'aigne/ar do chroí
sweet: sweet silence, *amhrán an bhéil
dúnta*
s.a. **REDUCE**
SILLY she has a silly appearance, *tá
tochardadh óinsí uirthi*
s.a. **LOOK, REMARK, TALK**
SIMILARITY see **SEE**
SIMPLE see **FIND**
SIN see **CATCH (up), OVERTAKE**
SING see **JOIN**
SINGER see **BORN**
SINGLE see **ENGAGE (combat)**
SIT **pretty**: he's sitting pretty, *tá sé i
mála an tsnátha ghil*
while: let him sit by the fire for a while,
tabhair dreas den tine dó
up: I'll make him sit up, *cuirfidh mise
as a chigilteacht é/bainfidh mise an
fhail de*
s.a. **APART (leg), HELP, LET (peace)**
SIX it's six of one and half a dozen of the
other, *is ionann an cás an t-éag is an
bás/níl ansin ach buail an ceann agus
seachain an muineál*
SIZE see **CUT**
SKEDADDLE he made them skedaddle,
bhain sé geatar astu
SKELETON see **REDUCE, WEAR**
SKILL see **HALF**
SKIN see **BONE, ESCAPE**
SKIN-DEEP see **BEAUTY**

SKY see **CLEAR, OPEN**
SKY-HIGH see **PRICE**
SLANDER see **WHISPER**
SLANDEROUS see **TONGUE**
SLAP see **KEEP (warm)**
SLEEP they got the children off to sleep,
chuir siad na páistí faoi chónaí
s.a. **BETTER, DOG, DROP, LACK, LATE,
LAZY-BONES, LOSE, OVERCOME,
PROTRACTED**
SLEEVE **card**: he has a card up his
sleeve, *tá cárta cúil aige*
laugh: they were laughing up their
sleeve at me, *bhí siad ag gáire go
folaitheach fúm*
SLENDER see **MEANS**
SLIDE see **LET**
SLIGHTEST see **CHANCE, INTEREST,
PRETEXT**
SLIP vb. **away**: to slip away, *imeacht ar
do chaolrian*
he slipped away from us, *chaolaigh sé
leis/d'éalaigh sé uainn*
everything is slipping away from him, *tá
an t-iomlán ag dul le fána air*
home: we will slip home, *beimid ag
bradú/téaltú linn abhaile*
off: he slipped off with it, *shliop sé leis
é*
up: he slipped up, *bhain meancóg dó*
s. **give**: to give someone the slip, *cor a
chur ar dhuine/a thabhairt do
dhuine; an cor gearr/cor na crothóige
a thabhairt do dhuine*
tongue: a slip of the tongue, *cion focail*
s.a. **LET**
SLIPPERY see **HOLD**
SLIPSHOD slipshod work, *snáithe fada
an táilliúra fhalsa*
SLOW **come**: I saw him coming slowly
towards me, *chonaic mé ag sraonadh
chugam é*
go: the boat is going slowly westwards,
tá an bád ag gliúmáil léi siar
help: you were very slow to help, *is í
do chabhair a chodail amuigh*
SLUR **speech**: to slur speech, *caint a
chogaint*
SMALL see **GOOD, HOUR, LOOK,
MERCY, SHARE, WORLD**
SMART see **TALK**
SMARTEN smarten yourself up, *bain an
builín ó d'ascaill/an dóib de do bhróga;
cuir cló/cosúlacht/faobhar éigin ort
féin; cuir fuinneamh éigin ionat féin*

SMILE see **BREAK, FORM**
SMOKE see **PAIN, PIPE (put)**
SMOOTH see **GO, ROUGH, SIDE**
SNATCH **at**: to snatch at something, *alpadh a thabhairt ar rud*
  from: victory was being snatched from us in the game, *bhí an cluiche i mbéal fuadaigh orainn*
  up: the books were being snatched up, *bhí fuadach ar na leabhair*
SNOW see **FEELING, KICK, LIGHT¹, TURN**
SOAK don't get soaked in the rain, *ná tabhair aimliú duit féin amuigh san fhearthainn*
  s.a. **WET**
SOBER **drunk**: (be he) drunk or sober, *ar meisce nó ar a chiall dó*
  quite: he is quite sober, *tá aithne a rian is a bheart aige*
SOD see **STEP**
SOFT see **SIDE, SPEAK**
SOLE see **DEPEND**
SOLID see **GROUND**
SOMETHING see **SACRIFICE, THINK**
SON see **ATTENTION**
SOON **enough**: it will come soon enough, *ní beag liom a luas/a thúisce; is leor a luas; ní beag a luaithe*
  s.a. **THINK**
SORDID see **ACT**
SORE **old**: to re-open old sores, *na faltanais a chuimhneamh; fuil a bhaint as seancholm; seanchairteacha a thochailt/a tharraingt ort*
  s.a. **EYE (sight), FEEL, PERPLEX**
SORROW see **REMAIN (let)**
SORRY **case**: it's a sorry case, *is caillte/clóite an cás é*
  day: it was a sorry day for him, *ba thinn an lá dó é/ba é an lá deacrach dó é*
  deep: I am deeply sorry about it, *is mór mo thurraing faoi*
  say: I'm sorry to have to say to you, *is bocht liom a rá leat*
  speak: I'm sorry I spoke, *is mairg a labhair*
  sure: better sure than sorry, *is fearr deimhin ná díomá*
  s.a. **END, FEEL, LEAST**
SORT see **JUST**
SOUL see **LOST**
SOUND a. **beating**: to give someone a sound beating, *duncaisí a bhualadh ar dhuine*

caning: he got a sound caning, *fuair sé an tslat neamhchlé*
thrashing: he gave him a sound thrashing, *thug sé liúradh Chonáin dó* he got a sound thrashing, *buaileadh go feillbhinn é*
vb. **impressive**: to make a statement sound more impressive, *tromú ar fhocal*
  s.a. **BEAT, PLAUSIBLE**
SOURCE see **AMUSEMENT, ANXIETY, UNIMPEACHABLE**
SOVEREIGNTY see **LOSS**
SOW see **OATS**
SPACE see **CRAMP**
SPARE **never**: he never spares himself, *níl aon trua aige dó féin*
  s.a. **PAIN, ROOM, TIME**
SPARING see **USE**
SPEAK **badly**: it speaks badly for him (that), *is olc an comhartha air (go)*
  distinct: speak distinctly, *stad den phlobaireacht*
  encourage: nobody encouraged him to speak, *níor thug aon duine córas dó*
  move: they neither moved nor spoke, *ní raibh cor ná cniog astu*
  soft: speaking softly to someone, *ag tláithínteacht le duine*
  turn: he turned to speak to me, *thug sé aghaidh chomhrá orm*
  up: speak up to him, *ná tabhair sotal ar bith dó*
  word: no one spoke a word, *ní raibh leid/meig as aon duine*
  s.a. **ACTION (word), EMOTION, FEEL, INTERRUPT, KEEN, LET, LIGHT¹, RELUCTANT, SHARP, SORRY, TERM**
SPEECH **indistinct**: he is indistinct of speech, *tá bachlóg ar a theanga*
  mimic: mimicking someone's speech, *ag athléamh ar dhuine*
  s.a. **DISCREET, FRENZIED, GUARD, INSINCERE, SLUR, THICK**
SPEECHLESS see **LEAVE¹**
SPEED vb. **along**: they were speeding along the road, *bhí siad ag déanamh snáithe den bhealach mór*
  away: speeding away, *ag imeacht lasta/ag imeacht agus bús siúil fút; ag lascadh chun bóthair/chun siúil*
  s. **go**: (going) at great speed, *(ag imeacht) faoi ghearradh/sna firmimintí/sna fáscaí*

top: at top speed, *sna gáinní báis*

work: working at great speed, *ag cladáil oibre*

SPEND vb. **drink**: he spent all his money on drink, *chuir sé críoch fhliuch ar an airgead*

it was spent on drink, *fuair sé bás fliuch*

earn: he spends every penny as fast as he earns it, *níl pingin ag breith ar an bpingin eile aige*

free: he spent the money freely, *bhain sé ceol as an airgead/rinne sé flaisc leis an airgead*

idle: to spend the day idly, *an lá a dhó*

month: the month was spent in that way, *breacadh an mhí amach mar sin*

nothing: he spends nothing, *níl aon chur amach ann*

time: it's a pity he doesn't spend more time at home, *is trua nach dtaithíonn sé an baile*

he spends most of his time here, *bíonn sé anseo go bunáiteach*

they spent a long time talking, *rinne siad eadra cainte*

s.a. **WHOLESALE**

SPENT day: most of the day is spent, *níl ach taoide den lá fágtha*

morning: the morning is far spent, *tá an t-eadra buí ann*

SPIN head: my head is spinning, *tá mo cheann ina bhulla báisín*

spoil: you must spoil before you spin, *ní den abhras an chéad snáithe*

yarn: you're the one to spin a yarn, *is tú an dathadóir*

he's only spinning yarns, *níl sé ach ag cumadh/ag ársaí téamaí*

he was spinning yarns for us all night, *bhí sé ag eachtraí(ocht) dúinn ar feadh na hoíche*

SPINELESS he is a spineless creature, *níl smior ná smúsach ann*

SPIRIT see **BETTER, HIGH, KEEP (up)**

SPIT dead: they were the dead spit of him, *bhí siad mar a sceithfeadh sé as a bhéal iad*

s.a. **IMAGE**

SPITE see **CUT (nose), FULL**

SPITEFUL a spiteful little creature, *arc nimhe*

SPLIT see **SIDE**

SPOIL agreement: he spoiled our whole agreement, *chuir sé an margadh síos suas orainn*

complete: you spoiled it completely, *chuir tú an botún air/tá sé ina bhráighe agat*

fight: he's spoiling for a fight, *tá cuthach/fíoch troda air*

mother: his mother spoiled him, *rinne a mháthair maicín de*

s.a. **APPEARANCE, GIFT, SPIN**

SPORTING see **CHANCE**

SPOT dangerous: he is in a dangerous spot, *tá sé in áit a threascartha*

weak: to find the weak spot in someone, *éalang a fháil ar dhuine/an t-éasc a fháil i nduine*

on: to do something on the spot, *rud a dhéanamh as cosa i dtaca*

to settle something on the spot, *rud a shocrú ar chlár na himeartha/ar cheann cláir*

s.a. **KNOCK**

SPRAWL asleep: he was sprawled asleep, *bhí sé ina shrathair chodlata*

s.a. **SEND**

SPREAD abroad: the story was spread abroad, *rinneadh iomlua an scéil/cuireadh iomrá leis an scéal*

far: the story was spread far and wide, *fuair an scéal leathantas*

lie: to spread lies about someone, *bréaga a bhreacadh ar dhuine*

SPRING see **FOOT**

SPUR see **MOMENT**

SQUANDER money: he squandered the money, *chuir sé droch-chríoch ar an airgead; chuir sé scalán san/ar an airgead; chaith sé an phingin bheag agus an phingin mhór*

SQUEEZE see **PUT**

STACK see **OPEN**

STAGE early: the disease was in its early stage, *bhí an aicíd ina tosach*

STAND vb. **end**: hair standing on end, *driuch fionnaidh*

it would make your hair stand on end, *thógfadh sé an ghruaig de do cheann*

by: they didn't stand by him, *ní raibh siad tairiseach ina thimpeall*

on: he hasn't been able to stand on his sprained foot yet, *níor chis sé ar a chos leonta fós*

out: he stands out in a gathering, *chuirfeá sonrú ann i lúb chuideachta*

stiff: he stood stiffly, *rinne sé maide marbh de féin*

stone: they didn't leave a stone standing, *níor fhág siad cloch ar mhuin cloiche*

s. **firm**: he has taken a firm stand, *tá sé i bhfeac*

s.a. **ABLE, CEREMONY, FIRE, ROUND, WEAR (hard)**

STANDARD see **JUDGE**

START vb. **conversation**: he was trying to start a conversation with me, *bhí sé ag spreotáil ar labhairt liom*

row: to start a row, *an lasóg a chur sa bharrach*

they started a row with him, *bhuail siad achrann air*

ruction: the ruction started, *d'éirigh an maicín*

thing: you started the whole thing, *tusa is bunúdar leis an rud ar fad*

trouble: starting trouble, *ag údarú oilc*

s. **head**: to give someone a head start, *ligean a thabhairt do dhuine*

s.a. **ARGUMENT, GIVE, GIVE (out), LATE, MAKE, RAIN**

STARVE death: they starved me to death, *thug siad mo bhás leis an ocras*

STATE consternation: he was in a state of consternation, *shílfeá gurbh é múr na maidhme aige é*

woe: to be in a state of woe, *bheith ar an bhfaraor*

s.a. **ANXIETY (constant), CONFUSION (utter), TERM**

STATEMENT see **EMPTY, FILL (out) , SOUND (impressive), TURN**

STAY long: we stayed far too long in that house last night, *rinneamar strambán sa teach sin aréir*

stop: he neither stopped nor stayed (until), *ní dheachaigh/níor tháinig iamh ná foras air; ní dhearna sé fos/sos/stad (mara) ná cónaí; níor stad sé is níor chónaigh/fhuaraigh sé (go)*

s.a. **ALLOW, PUT**

STEADY see **DOWN**

STEAL glance: to steal a glance at someone, *féachaint faoi d'fhabhraí ar dhuine*

march: to steal a march on someone, *aicearra a ghearradh ar dhuine*

s.a. **ANYTHING**

STEAM sweat: he is steaming with sweat, *tá deatach allais as*

STEAMING see **HOT**

STEP vb. **out**: you had better step it out, *is fearr duit na spásanna a shíneadh*

sod: I have stepped every sod of Ireland, *thomhais mé Éire ina céimeanna miona*

still: you can still step it (out), *níor fhág an damhsa do chosa*

s. **long**: you take very long steps, *tá ráca fada agat*

s.a. **LIGHT¹, MISS**

STICK business: he sticks to his own business, *tá sé dílis dá ghnó*

name: the name stuck to her, *d'adhair an t-ainm di*

principle: stick to your principles, *ná tréig do chara ar do chuid*

side: he stuck to my side all day, *níor fhág sé amach mé i rith an lae*

story: to stick to one story, *fanacht ar aon scéal amháin*

throat: a bone stuck in his throat, *ghlean cnámh ina bhráid*

the word stuck in my throat, *sheas an focal i mo scornach*

together: they all stick together, *is iad féin iad féin*

tongue: his tongue was sticking out a yard, *bhí banlámh dá theanga amuigh aige*

STIFF see **LIP, STAND**

STILL¹ see **LIE¹**

STILL² see **ANGRY, BREATHE, STEP**

STIME see **SEE**

STING he put quite a sting in it, *tháinig sé leis aniar óna chúlfhiacla*

s.a. **REMARK, SHARP**

STIR stir yourself, *cuir biongadh ionat féin*

you won't stir till you take a drink, *ní fhágfaidh tú ball na háite go n-óla tú deoch*

s.a. **ANIMOSITY, FOOT, MUCH**

STOCK see **BARREL**

STOMACH empty: on an empty stomach, *ar phutóga folmha*

pit: to hit someone in the pit of the stomach, *duine a bhualadh faoi bhun an scéithín*

strong: you would need a strong stomach to look at it, *níor mhór duit aigne láidir a bheith agat chun féachaint air*

turn: it would turn your stomach, *chuirfeadh sé consaeit ort*

s.a. **FULL**

STONE blood: it's hard to get blood out of a stone, *is doiligh olann a bhaint de ghabhar*

s.a. **DEAD, STAND, UNTURNED**

STOOL see **FALL**

STOP at: if it had stopped at that, *dá mbeadh sé taobh leis sin/dá bhfanfadh sé air/dá mbeadh sé ina mhuinín sin*

cry: she couldn't be stopped from crying, *níor baineadh fúithi ach ag gol*

fool: stop fooling yourself, *bain an púicín de do shúile*

gallop: that put a stop to his gallop, *bhain sin an choisíocht de/chuir sin deireadh lena réim*

meddle: stop meddling, *níl aon duine ag iarraidh do chúraim ort*

paw: stop pawing at me, *bain do chrúcáin asam*

play-acting: he stopped play-acting, *chuir sé uaidh na tréithe*

put: I'll put a stop to him, *cuirfidh mise cailc air*

I put a stop to his antics, *chuir mé cleite/fail ina shrón*

talk: stop talking to him, *ceil do chomhrá/do cheiliúr air*

I'll stop him from talking, *cuirfidh mise gobán ann/ina bhéal*

what: what's to stop you from trying it? *cad é an mhoill atá ort féachaint leis?*

s.a. **ARGUE, ATTEMPT, GOSSIP, NEVER, NOTHING, RAIN, STAY**

STORE one of the things that life has in store for us, *dán de dhánta an tsaoil*

s.a. **LAY**

STORM ear: don't do it or you'll bring a storm about your ears, *ar do chluas/ar chraiceann do chluaise, ná déan é*

over: there'll be a storm over this, *beidh callán faoi seo*

teacup: a storm in a teacup, *cogadh na sifíní*

s.a. **THREATEN**

STORMBOUND to be stormbound, *fuireach calaidh a bheith ort*

STORMY night: it's going to be a stormy night, *tá scríob ar an oíche*

STORY see **EXACT, FILL (out), INVENT, LEAK, LONG, STICK**

STRAIGHT have: I let him have it straight, *chaith mé faoi chlár na súile chuige é/spalp mé chuige é*

make: making straight for the house, *ag ciorrú chun an tí*

out: she said it straight out, *ní dheachaigh sí ar chúl scéithe leis*

STRAIGHTEN back: straighten your back, *bain an lán as do dhroim*

out: to straighten something out, *filleadh a bhaint as rud*

STRAIN leash: they were straining at the leash, *bhí siad ag rí na héille*

self: don't strain yourself, *ná stang thú féin*

I thought he would strain himself, *shíl mé go gcuirfeadh sé a lúth amach*

work: he doesn't strain himself working, *tá sé spárálach ar a chnámha*

s.a. **ANXIETY, RELATION**

STRAITEN see **CIRCUMSTANCE**

STRANGE make: to make strange with someone, *coimhthíos a dhéanamh le duine/bheith deoranta le duine*

s.a. **FIND, NOTHING**

STRANGER see **TOTAL**

STRAW long: long straw, *fadóg*

short: short straw, *gearróg*

STREAM sweat: he was streaming sweat, *bhí bóithre allais leis*

STRENGTH fail: he's failing in his strength, *tá sé ag dul i ndiaidh a láimhe*

have: I hadn't the strength to do it, *ní raibh d'éitir ionam é a dhéanamh*

number: your strength lies in your numbers, *is móide bhur neart bhur líon*

summon: if you can summon up the strength, *má tá sé i do cheithre cnámha/má tá an treoir ionat*

s.a. **EXHAUST, PUT, REQUIRE, TEST (final)**

STRIDE throw: don't throw him out of his stride, *ná cuir thar a shnáithe é*

s.a. **PUT (off)**

STRIKE blind: strike me blind (if), *dalladh agus caochadh/dubhadh orm (má)*

dumb: he was struck dumb, *rinneadh balbhán/spéice de*

out: he must strike out for himself from now on, *caithfidh sé treabhadh as a eireaball féin feasta*
s.a. **BLOW (resounding)**

STRING vb. **out**: they are strung out along the road, *tá siad ina sraoillín ar fud an bhealaigh*
  up: he will be strung up, *cuirfear an spaga faoi*
  s. **on**: she has him on a string, *tá sé ar éill/nasc/slabhra/teaghrán aici*
  s.a. **BOW**

STRIVE see **KEEP (back)**

STROKE luck: you had a stroke of luck, *bhí beangán/siolla den ádh ort*
  an unexpected stroke of luck, *súil nár síleadh*
  swim: he can't swim a stroke, *níl bang aige*
  s.a. **MATCH**

STRONG horse: he is as strong as a horse, *tá coimpléasc capaill aige*
  voice: he has a strong voice, *is breá an ailleog/an scol/an bonnán gutha atá aige; tá an diúlfaíoch réidh aige; is maith na scairteacha atá aige*
  s.a. **POSITION, STOMACH**

STRUGGLE see **LIVING, PUT (up)**

STUCK see **GET**

STUFF see **GOOD**

STUFFING see **KNOCK**

STURDY isn't that boy getting sturdy? *nach é an buachaill sin atá ag téachtadh?*

SUBJECT see **BROACH, CHANGE, GOSSIP, INFLUENCE (weird)**

SUBSIDE see **ANGER**

SUBSTANCE see **LACK**

SUBSTANTIATE see **CLAIM**

SUBSTITUTE poor: a poor substitute, *an tsrathair in áit na diallaite/sop in áit na scuaibe*

SUBTLE see **ARGUMENT**

SUCCEED see **ATTEMPT, CHANCE, PROSPER**

SUCCESS achieve: what enabled him to achieve success, *an rud a thug in éifeacht é*

SUCCESSION see **QUICK**

SUCH thing: I'll do no such thing, *ní bheidh a shaothar orm*

SUDDEN see **NOTION**

SUFFER by: he won't suffer by it, *ní haon gha nimhe dó é*

diarrhoea: he was suffering from diarrhoea, *bhí ceann síos air*
for: he suffered for it, *thug sé cnap dá chionn*
innocent: the innocent suffers for the crimes of the wicked, *cion an chiontaigh ar an neamhchiontach*
vomit: he was suffering from vomiting, *bhí ceann suas air*
s.a. **AGONY, CONSEQUENCE, EFFECT, MAKE, SHOCK, SILENCE**

SUGGEST see **APPEARANCE**

SUICIDE see **COMMIT**

SUIT vb. **card**: to suit cards, *cártaí a chúpláil*
  tell: he tells the story to suit himself, *tá a dhóigh féin aige ar an scéal*
  s. **follow**: to follow suit (cards), *an dath a imirt*

SUITABLE day: if the day is suitable, *má tá an lá freagrach*
  s.a. **MAKE (use)**

SULK he did it when he got out of his sulks, *rinne sé é nuair a shásaigh sé é féin*

SUMMON see **STRENGTH**

SUN face: it faces away from the sun, *tá tuaithiúr gréine ann*
  facing the sun, *ar dheis/dheisiúr na gréine*
  under: he has every disease under the sun, *tá seacht ngalar an tsléibhe air*
  there's nothing like it under the sun, *níl a leithéid faoin mbogha bán*
  anywhere under the sun, *faoi imghabháil na gréine/ó neamh go lár/ó neamh go hÁrainn*
  s.a. **SWEAR, VOW (moon)**

SUNDOWN see **HOME (before)**

SUNNY she is sunny by nature, *tá deaspéir os a cionn*

SUPPORT vb. it was she who supported him, *is í a choinnigh an cár ann*
  enough: it's enough to support them for the winter, *tá a dtógáil don gheimhreadh ann*
  s. **influential**: he has the support of influential people, *tá daoine ceannasacha ar a chúl*

SUPPOSE suppose it were your own case, *déan do chás féin de*
  let us suppose he denied it, *fágaimis gur shéan sé é*

related: they were supposed to be
distantly related, *tá luaidreán beag
gaoil eatarthu*

SUPPRESS anger: he suppressed his
anger, *chuir sé guaim ar a fhearg*
  laugh: suppressing a laugh, *ag sclogadh
gáire*

SUPREME see **TEST**

SURE alive: as sure as you are alive you
did it, *ní beo duit nó is tú a rinne é*
  break: that dish is sure to get broken, *tá
an mhias sin in áirithe a briste*
  wrong: he was always sure to do the
wrong thing, *níor theip an tuathal
riamh air*
  s.a. **ANYTHING, DOUBLE, LOOK
(after), MAKE, SORRY**

SURFACE appear: things may appear all
right on the surface, *níl ann ach cneasú
thar goimh*

SURGE see **WITHIN**

SURLY see **LOOK**

SURPASS see **NOBODY**

SURPRISE take: to take someone by
surprise, *breith gan fhios ar dhuine/eall
duine a ghabháil*
  s.a. **NOTHING**

SURPRISING see **LEAST, MANAGE**

SURREPTITIOUS see **ACT**

SURVIVE see **CRISIS**

SUSCEPTIBILITY see **OFFEND**

SUSPECT see **NEVER**

SUSPENSE to be in a state of suspense,
bheith beophianta/do do bheophianadh

SUSPICION matter: it is a matter for
suspicion *is cuid amhrais é*
  s.a. **OPEN**

SUSTAIN see **ABLE, PRIDE**

SWALLOW gulp: he swallowed it in one
gulp, *rinne sé aon bholgam amháin de*
  hard: to swallow hard at something,
rud a chur ar do dhúid
  word: I'll make him swallow his words,
*cuirfidh mise a chuid cainte ina
ghoile dó*

SWARM the floor was swarming with
beetles, *bhí an t-urlár ag siúl le ciaróga*
the place is swarming with them, *tá an
áit ina beatha leo*

SWEAR open: I swear openly (that),
fágaim ag an saol (go)
  sun: he swore by the sun and the moon,
*cheangail sé grian agus gealach air
féin/ghabh sé grian agus gealach*

SWEAR-WORD he let out a swear-word,
stróic sé mionn mór

SWEAT see **BREAK, FORM, MAKE,
STEAM, STREAM**

SWEEP see **BOARD**

SWEET see **SILENCE**

SWELL river: the river is swollen, *tá
fuarlach san abhainn*
  s.a. **IMPORTANCE**

SWIM head: my head began to swim,
tháinig meadhrán ionam/i mo cheann
  s.a. **STROKE**

SWING see **LEAD²**

SWORD see **CROSS**

T

TACK brass: to get down to brass tacks,
*teacht i leaba an dáiríre/dul go
bunsprioc*

TAIL see **PULL (devil)**

TAKE after: she took after her mother,
*chuaigh sí lena máthair; níor
shéan/thréig sí a gaol lena máthair*
  she didn't take after her mother, *ní hí
a máthair a lean sí*
  he takes after his mother's people, *tá
sé ag gabháil le muintir a mháthar*
  to take after kind, *diall le dúchas*
  age: to take ages to do something,
*tuadóireacht na háirce a dhéanamh
ar rud*
  it will take ages to finish, *beidh
fiannaíocht air sula mbeidh sé
críochnaithe*
  what age would you take him to be?
cén aois a mheasfá dó?
  away: he wrapped them up and took
them away, *chorn sé leis iad*
  biscuit: he takes the biscuit, *ná hiarr
ina dhiaidh é*
  day: to take the day at it, *an lá a
chreanadh leis*
  that job would take all day,
*chomhairfinn lá iomlán don obair
sin*
  decision: to take a decision, *comhairle
a dhéanamh*
  drink: he took to drink, *bhuail sé leis
an ól*

drop: he had a good drop taken, *bhí braon maith ar bord/sa chuircín/sa ghrágán/sa stuaic/sa tsúil aige; bhí gáilleog mhaith ólta aige; bhí glincín/scalach/snáthadh maith ólta aige; bhí sé fliuch istigh*

fact: don't take it for an accomplished fact, *ná déan gníomh suite de*

from: you can take it from me it's true, *mura fíor é bain an ceann/an chluas/barr na cluaise díomsa*

game: he took the game from me, *chuir sé an cluiche orm*

granted: to take something for granted, *dóigh a dhéanamh de rud*
to take too much for granted, *deimhin a dhéanamh de do bharúil/do dhóigh/do dhóchas*
we take it for granted now, *tá sé neamhiontach againn anois*

grudge: to take a grudge against someone, *olc a thógáil do dhuine*

how: how did she take the news? *cad é mar a chuaigh an scéala di?*

in: don't be taken in with talk like that, *ná mealltar thú le caint mar sin*

liberty: to take liberties with someone, *buannaíocht a dhéanamh/a imirt ar dhuine*

loss: they took his loss lightly, *is beag an phúir a rinne siad de*

lot: it would take a lot of them to make a ton, *rachadh cuid mhór acu chun tonna*

notice: I took no notice whatever of what he said, *chuaigh a chuid cainte síos siar díom*

off: he took himself off, *dhealaigh sé leis*

out: don't take it out on me, *ná lig amach/ná bídigh ormsa é*

over: he's trying to take over the place from me, *tá sé ag sealbhú na háite orm*

serious: don't take things too seriously, *scaoil beart tharat*

time: it took me all my time, *thug sé obair dom*

to: I'll take the spadehandle to you, *roinnfidh mé feac na láí leat*
if he takes to the work, *má chlaonann sé leis an obair*

toll: every day taking its toll, *gach lá ag baint a chuid féin asainn*

turn: he has taken a turn for the better, *tá casadh beag air*
he took a little turn for the worse, *fuair sé turn beag*

umbrage: he took umbrage at us (over it), *ghabh sé fearg de/tháinig múisiam air linn*

unawares: they took me unawares, *tháinig siad aniar aduaidh/gan mhothú orm*
I was taken unawares, *ní raibh mé ar mo thapa*

up: taken up with the house, *crochta leis an teach*

whim: whatever whim took him, *cibé creabhair a bhuail é*

will: to take the will for the deed, *an chreidiúint a thabhairt don dea-rún*

worst: it's the worst thing I could take, *níl aon namhaid agam ach é*

s.a. **ABACK, ACCOUNT (no), ANSWER, APART, ARM, BEGINNING, BLAME, BOTH (side), CHANCE, DESERVE, EASY, EFFECT, FILL, FIND, GOOD, HEEL, HOLD, LIFE, LITTLE (give), LONG, MUCH, ORDER, SURPRISE, WANT**

TALE wife: old wives' tales, *comhrá cailleach/glórtha seanbhan*
s.a. **TELL**

TALENT see **WASTE**

TALK vb. **behind**: to talk about someone behind his back, *míghreann a dhéanamh ar dhuine*

big: he talks big, *shílfeá nach bhfuil aon duine bocht ar a dhream/tá an focal mór aige*

excited: it was then they started to talk excitedly to one another, *sin é an uair a bhí an béarla acu le chéile*

nonsense: you are talking nonsense, *tá bundún ort*

silly: don't talk yourself silly, *ná déan ceolán díot féin*

smart: don't give me your smart talk, *ná bí ag eagnaíocht liom/beagán de do chuid dea-chainte uait*

tire: I'm tired talking to them, *tá mo theanga caite leo*

s. **all**: he's all talk, *dhéanfadh sé gach uile rud ar a theanga*

only: it's only talk, *níl ann ach callán*

s.a. **ACTION**, **AGREE**, **BENT**, **FREE**,
INCOHERENT, **KNOW**, **LOT**, **MAKE**,
MUCH, **NEVER** (stop), **PLENTY**,
ROUND, **SENSE**, **SPEND** (time),
STOP

TALL see **GROW**, **TWICE**

TAP vb. **barrel**: to tap a barrel, *bairille
a bhearnú/a bhriseadh*
  s. **work**: he doesn't do a tap of work
for him, *ní dhéanann sé buille
maitheasa dó*

TAPED I've got you well taped, *tá tú
leabhraithe go maith agam*

TAR **brush**: they are all tarred with the
same brush, *aon chith amháin a
d'fhliuch iad uile*

TARTAR see **CATCH**

TASK **over**: to get a disagreeable task
over and done with, *ól na dí seirbhe a
thabhairt ar rud*
  thankless: a thankless task, *cúram gan
chúiteamh/gan chion*
  two: a task for two, *feidhm beirte*
  s.a. **EASY**, **IMPOSSIBLE**

TASTE vb. **exposure**: the potatoes taste
of exposure, *tá blas gaoithe ar na prátaí*
  food: I have not tasted food today, *ní
dheachaigh greim/blas i mo bhéal
inniu; ní dheacaigh blas ar m'anáil
inniu*
  s. **cloying**: cloying taste, *blas an
seachtú crosáin*
  differ: tastes differ, *ní hionann méin
do gach mac*
  get: to get a taste of the meat,
féachaint/fiacháil den fheoil a fháil
  I got a taste of something new, *choisc mé
mo nuacht*
  little: a little of it tastes good, *as a
bhlaiseadh is fearr é*
  s.a. **ACCOUNT**

TAT see **TIT**

TEACH see **LESSON**

TEACUP see **STORM**

TEAM-MATE see **PULL** (hard)

TEAR[1] vb. **bit**: to tear something to bits,
*greamanna seabhaic a dhéanamh de
rud*
  into: he's really tearing into the work,
*tá an-bhrus á dhéanamh ar an obair
aige*
  shred: my coat is torn to shreds, *tá mo
chóta ina chíréibeacha*
  you have torn it to shreds, *tá sé ina
liobar is ina leadhb agat*

s.a. **APART**

TEAR[2] **crocodile**: crocodile tears, *deora
bréagacha*
  flood: eyes flooded with tears, *súile ina
linnte deor*
  well: tears welled in his eyes, *bhí a
shúile ina dtoibreacha*
  s.a. **BREAK**, **EASY** (move), **KEEP**
(back), **REDUCE**

TEDIUM see **RELIEVE**

TEEN see **LATE**

TELL **lie**: tell me and tell me no lie, *inis
dom is ná can gó*
  look: a look tells everything, *ní
cheileann rosc rún*
  off: she really told him off, *is maith an
cóiriú catha a thug sí air/chuir sí ar
an leac dó é*
  he was told off in no uncertain terms,
*fuair sé ar a mhias féin é/fuair sé
sciúradh na cuinneoige*
  tale: alive to tell the tale, *inscéalaíochta*
  s.a. **ABLE**, **ADVANCE**, **BEHAVE**, **EXACT**,
FORTUNE, **GET** (out), **GO** (blazes),
HOME (truth), **SUIT**

TELLING see **BEAR**, **LOSE** (nothing)

TEMPER **display**: displaying temper, *ag
cur do chos uait*
  raging: he was in a raging temper, *bhí
lán a léine d'fhearg air*
  vile: he was in a vile temper, *bhí colg
nimhe/draighean oilc air*
  wicked: he has a wicked temper, *tá
drochadhaint ann*

TEMPT **devil**: the devil is tempting you,
tá an diabhal i do sciorta

TEMPTING see **FRUIT** (forbidden)

TERM **friendly**: to be on friendly terms
with someone, *duine a chaidreamh*
  good: they're not on very good terms,
níl siad buíoch dá chéile
  speaking: I was never on speaking
terms with him, *ní chainteodh sé
liom/ní raibh mé riamh ina
chaidreamh*
  they are not on speaking terms, *níl
siad ag beannú dá chéile*
  state: you have only to state your terms,
tá sé ar rá do bhéil féin agat
  s.a. **ASSERT** (unmistakeable), **LEVEL**,
TELL (off)

TERRIFY see **LIFE**

TERROR **holy**: he is a holy terror, *is é an
sceimhle é/níl aon sceimhle ach é*

TEST vb. **hardship**: when they were tested in hardship, *arna ndearbhú i gcruatan*

s. **come**: if it comes to the test, *má théann sé sna stácaí*

when it came to the crucial test, *nuair a chuaigh an cheist/an chúis go cnámh na huillinne; nuair a tháinig an crú ar an tairne*

final: final test of strength, *cluiche na fola*

supreme: it is the supreme test, *is é báire na fola é*

s.a. **GENUINENESS (friend)**, **PUT**

THANK see **INQUIRE**, **NOTHING**

THANKFUL see **MERCY (small)**

THANKLESS see **TASK**

THICK **speech**: their speech was getting thick, *bhí an chaint ag leathadh orthu*

thief: they are as thick as thieves, *tá siad chomh mór le chéile le gearrán bán agus coca féir*

THIEF see **BORN**, **THICK**

THIN **extremely**: he is extremely thin, *tá a dhá thaobh buailte ar a chéile/rachadh sé trí chnó snáthaide*

get: he's getting thin on top, *tá sé ag lomadh sa cheann/tá a mhullach ag maolú*

he's getting thin and worn, *tá sé á shnoí is á chaitheamh*

THINK **emigrate**: he's thinking of emigrating, *tá bara na himirce faoi*

gullible: how gullible do you think I am? *nach mé atá glas agat?*

ill: to think ill of someone, *drochbharúil a thabhairt do dhuine*

short: I think it is too short, *is mó is giorra liom é*

something: he thinks he is something, *tá sé os cionn cinn/tá sé sin chomh rud*

soon: I think it is a bit soon for you, *is moch liom duit é*

twice: I wouldn't think twice of doing it, *níor mhór an tsuim liom é a dhéanamh*

world: he thinks the world of him, *is mór an phráinn atá aige ann/is é an geall aige é/is é atá measúil aige*

s.a. **END (never)**, **GREAT (fellow)**, **LITTLE**, **LOT**, **MIND**, **NOBODY (like)**, **NOTHING**, **OFTEN (enough)**, **REMARK (worst)**

THIRST **insatiable**: I have an insatiable thirst, *tá tart gan tréigean orm*

parching: parching thirst, *spalladh íota*

THOUGHT see **GIVE**

THRASHING see **SOUND**

THREAD see **WEAR**

THREATEN **fight**: threatening a fight, *ag boirbeáil chun bruíne*

knife: he threatened me with a knife, *dhrantaigh sé scian liom*

rain: the sky threatened rain, *bhí an spéir ag tolgadh fearthainne*

stick: to threaten someone with a stick, *bata a bheartú ar dhuine*

storm: threatening a storm, *ag boirbeáil chun stoirme/ag borbú chun doininne*

trouble: my back is threatening to trouble me again, *tá an droim ag faire orm arís*

s.a. **LOOK**

THRIVE **boy**: that boy is thriving, *tá an gasúr sin ag cur leis féin*

THROAT they are at each other's throats, *tá siad i bpíobán a chéile*

s.a. **GRASP**, **STICK**

THROUGH see **DETERMINED (push)**, **GET**, **PULL**

THROW see **BODILY**, **HEAD (heel)**, **RESTRAINT**, **SIDEWAYS**, **STRIDE**

THUMB see **FINGER**

TIBB till Tibb's eve, *go lá na leice/lá an lúbáin*

TIDY see **NEVER**

TIE **time**: to be tied to time, *ag faire na huaire*

s.a. **DOWN**

TIGHT see **HOLD (keep)**

TILT **windmill**: tilting at windmills, *ag cur catha ar choinlíní*

TIME **all**: after all the times we were together, *i ndiaidh gach cumainn dá raibh eadrainn*

begin: since time began, *ó chuaigh an saol ar suíochán*

end: till the end of time, *fad a bheidh grian ag dul deiseal; go hearr aimsire/go lá dheireadh an domhain*

enough: the work is time enough, *béarfaidh tú ar an obair*

hard: a man who has seen hard times, *fear a chonaic Murchadh*

immemorial: from time immemorial, *le cuimhne na seacht nduine/sinsear*

long: to be laid up for a long time (with illness), *dúlaí/luíochán fada a bheith ort*

for a very long time to come, *go ceann dhá lá go leith*

you will be a long time about it, *is fada a bheas d'íorna ar crann*

off: if I get time off from work, *má bhíonn ionú ón obair agam*

priest: it's time to get the priest for him, *tá sé i gcruth an tsagairt*

propitious: at a propitious time, *ar séan uaire (agus aimsire)*

repent: while there is still time for you to repent, *nuair atá breith ar d'aithreachas agat*

he got time to repent, *fuair sé ea na haithrí*

spare: if you have time to spare for it, *má bhíonn (aon) aga agat air/dá bhfaighfeá lon air*

waste: I wouldn't waste my time with it, *ní bheinn crochta leis*

don't be wasting our time like that, *ná bí dár meath mar sin*

s.a. **CHANGE**, **CHOOSE**, **CLAIM**, **CONFINE**, **DISCUSS**, **FIND**, **FLING (last)**, **GET (on)**, **GOOD**, **HIGH**, **KEEP**, **LAST**, **LAST (sacrament)**, **LEAN**, **LONG (take)**, **MAKE (up)**, **PASS**, **SPEND**, **TAKE**, **TIE**, **WHILE**

TIME-WASTING conversation: time-wasting conversation, *combrá na colpaí*

TINY see **BIT**

TIRE didn't he tire quickly? *nach tapa a choir sé?*

s.a. **NEVER**, **TALK**

TIT tat: to give tit for tat, *cor in aghaidh an chaim (agus cam in aghaidh an choir); gach re focal a thabhairt*

TOGETHER see **HOLD**, **LIVE**, **PULL**, **PUT**, **STICK**

TOLL see **TAKE**

TONGUE cheek: he spoke with his tongue in his cheek, *bhí a theanga ina leathbhéal/leathphluic aige*

loosen: that loosened his tongue, *chuir sin ag seinm é*

round: I can't get my tongue round it, *ní thig liom mo theanga a chasadh air*

sarcastic: he has a sarcastic tongue, *bhearrfadh sé gan sópa thú*

slanderous: you have slanderous tongues, *is sibh an chléir cháinte*

s.a. **HOLD**, **LACERATE**, **LET (wag)**, **SET**, **SHARP**, **SLIP**, **STICK**, **WASTE**, **WONDER (work)**

TOOTH see **EDGE (set)**, **ESCAPE (skin)**, **LONG**, **SHOW**

TOP see **SPEED**, **THIN (get)**, **WORLD**

TOPSYTURVY see **TURN**

TORMENT see **AFFLICTED**

TORRENT see **RAIN**

TOTAL dependent: he is totally dependent on his father, *níl dada aige ach ag feitheamh ar a athair*

stranger: he is a total stranger, *ní de thír ná de thalamh é*

TOUCH go: it was touch and go (with him), *ní raibh ann ach tar nó imigh aige/chuaigh sé go dtí an dóbair*

s.a. **FINISH**, **GET (cold)**, **LOSE**

TOUCHY touchy person, *duine beirithe*

TOUGH see **LOOK**

TRACE see **FIND**, **REMAIN**, **TRACK**

TRACK beaten: beaten track, *cosán dearg*

we are a bit off the beaten track here, *táimid ar leathimeall anseo*

make: to make tracks for home, *stríocáil leat abhaile*

same: we were on the same track, *bhíomar ar an iúl céanna*

trace: there is neither track nor trace of them, *níl bonn ná lorg orthu*

wrong: to put someone on the wrong track, *cor faoi chosán a chur ar dhuine*

TRADE see **FOLLOW**, **JACK**, **MAN**

TRAIL see **FIND**, **LEAD**[1] **(nowhere)**

TRAIN see **CATCH**

TRAMPLE down: to trample something down, *dramhaltach/cis ar easair/cosair easair/easair chosáin a dhéanamh de rud*

over: they trampled all over me, *rinne siad spaid bhanraí díom*

s.a. **GROUND**

TRANQUIL see **PLACE**

TRANSGRESSION see **REPROACH**

TRAVEL vb. fast: he was travelling fast, *bhí sé ag cur féir is uisce faoina chosa*

lie: a lie travels far, *is maith an coisí an bhréag*

s. **send**: to send someone on his travels, *an sifín siúil a chur faoi dhuine*

s.a. **ITCH**

TREACHEROUS see **ACT**

TREAT vb. **dirt**: they treated me like dirt, *rinne siad spaid bhanraí díom*
  fool: he was treated as a fool, *tugadh meas amadáin air*
  handsome: to treat someone handsomely, *bheith dóighiúil le duine*
  harsh: to treat someone harshly, *lámh chrua a choinneáil le duine*
  joke: he treated it as a joke, *lig sé amach ar ghreann é*
  rough: he was roughly treated, *fuair sé a chargáil*
  shabby: she wouldn't have me shabbily treated, *níor cheadaigh sí a bheith leadhbach liom*
  well: we were treated very well, *is mór an taispeántas a fuaireamar*
  s. **give**: to give someone a treat, *cineál a dhéanamh ar dhuine*
  s.a. **ALIKE**

TRICK **full**: he's full of tricks, *tá sé lán de bhrainsí*
  know: I know all his tricks, *níl aon chor ina chroí gan fhios dom*
  try: to try your tricks, *do chnaipí a imirt*
  up: he is up to every trick, *beidh cúig éigin aige i gcónaí*
    I'll be up to your tricks, *beidh mise inchurtha leat*
  s.a. **ONE**

TRIP see **HURRY**

TROUBLE see **CAUSE, DEAL, GET, GIVE, INVITE, LEAST, LOOK (for), NEVER (know), NOTHING, PREPARE, PUT, START, THREATEN**

TROUBLEMAKER **face**: face up to the troublemaker (and he will leave you in peace), *druid le fear na bruíne (agus gheobhaidh tú síocháin)*

TROUNCE to trounce someone, *deatach/raithneach/toit a bhaint as duine; easnacha tinne a fhágáil ag duine; stán a dhéanamh de dhuine*
  hope: I hope you get trounced, *bualadh an lín/na punainne chugat*

TROUNCING he got a trouncing, *fuair sé tuirne Mháire/rambhrú maith*
  to give someone a trouncing, *dual na droinne a bhualadh ar dhuine*

TRUE see **INVENT, PREDICTION**

TRUTH see **ABIDE, BEAR (telling), HOME**

TRY **as**: try as he might, *dá gcuirfeadh sé a átháin amach/a shúile ar chipíní*

grab: they tried to grab the weapons, *thug siad amas ar na hairm*

ingratiate: he tried to ingratiate himself with everyone, *ligh sé roimhe agus ina dhiaidh*

patience: to try someone's patience, *duine a chur go bun na foighne*
  s.a. **APPEASE, BEST, DISADVANTAGE (get), FORTUNE, HAND, MATTER (no), PERSUADE, START (conversation), TAKE (over), TRICK, UTMOST**

TUCK see **SIGHT**

TUNE see **CHANGE, DIE**[1] **(cow), HARP, INTRICATE**

TURN vb. **against**: to turn someone against something, *fuath ruda a chur faoi/ar dhuine*
  back: there's no turning back, *tá an tairne ar an troigh*
  damp: the day is turning damp and chilly, *tá an lá ag dul i nglaise*
  face: he turned his face against home, *thug sé fuath don bhaile/ d'fhuathaigh sé an baile*
  frost: it would turn to frost, *dhéanfadh sioc de*
  head: they have turned his head, *tá sé tógtha sa cheann acu*
  luck: luck turned against them, *d'iompaigh an roth orthu*
  nose: he turned up his nose at it, *chuir sé cor ina shrón chuige/chuir sé geanc air féin leis*
    she turns up her nose (at things), *tá gairleog ina srón*
  pale: he turned pale, *thug sé deirge ar bháine*
  snow: it's turning to snow again, *tá dol eile sneachta air*
  statement: to turn someone's statement against him, *duine a bhréagnú as a bhéal féin*
  topsyturvy: they turned everything topsyturvy, *thug siad an taobh suas síos do gach uile rud*
    the world turned topsyturvy on me, *chuaigh an saol faoi seach orm*
  s. **hand**: she wouldn't do a hand's turn for me, *ní fhliuchfadh sí a méar dom*
  s.a. **ACCOUNT, ADVANTAGE, DOWN (upside), FREE, LEAF (new), MAKE (serve), OWE, SPEAK, STOMACH, TAKE**

TURNING see **POINT**

TWICE tall: he's twice as tall as you, *tá do dhá airde ann*
s.a. **THINK, WATER (clean)**
TWIST see **FINGER**
TWO mind: I was in two minds about it, *bhí mé ann as leis/bhí hob ann agus hob as agam*
  way: let there be no two ways about it, *ná bíodh anonn ná anall ann*
  s.a. **CHOICE (open), PIN, TASK**

U

UGLY see **LOOK**
ULTERIOR see **MOTIVE**
UMBRAGE see **TAKE**
UNABLE cope: I was unable to cope with it, *chuaigh sé ó dhéanamh orm*
  s.a. **BREAK (fall), DEAL**
UNAWARES see **TAKE**
UNCERTAIN see **TELL (off), WAY**
UNCHALLENGED let no offence go unchallenged, *ná fág coir gan iomardú*
UNCOMFORTABLE see **MAKE**
UNCONTROLLABLE rage: to get into an uncontrollable rage, *dul as do chrann cumhachta*
UNDECIDED he was undecided what to do, *bhí cos thall agus cos abhus aige*
UNDERCUT to undercut someone, *dul/teacht laistigh de dhuine*
UNDERMINE to undermine something, *milleadh faoi rud*
UNDERSTAND easy: to make something easier to understand, *rud a chur i mboige*
UNDERTAKE see **LIGHT¹ (responsibility)**
UNDERTAKING see **IMPOSSIBLE**
UNDO if he could undo what he had done, *dá mbeadh breith/greim ar a aiféala aige*
  harm: to undo harm, *díobháil a leigheas*
UNDOING see **LEAD¹**
UNDONE leave: it was left undone because each wanted the other to do it, *d'fhág an iompairc gan déanamh é*
UNEXPECTED a. **answer**: it was an unexpected answer, *ba neamhthuairimeach an freagra é*
  adv. **call**: he called unexpectedly, *tháinig sé isteach ar a chamruathar*

come: to come unexpectedly, *teacht ar dhroim na gaoithe*
do: to do something unexpectedly, *rud a dhéanamh as cosa i dtaca*
meet: I met him unexpectedly, *casadh orm é i mbéal na séibe*
  s.a. **QUARTER, STROKE (luck)**
UNFAIR deal: to deal unfairly with someone, *an míchothrom a dhéanamh le duine/leathchuma a dhéanamh ar dhuine*
  s.a. **MAKE (use), SHARE**
UNFORTUNATE see **MARRIAGE, POSITION**
UNFRIENDLY act: it was not an unfriendly act, *ní hé do namhaid a dhéanfadh duit é*
  friendly: they are no sooner friendly than unfriendly, *ní túisce mór le chéile iad ná beag*
UNGUARDED see **MOMENT**
UNHARMED see **ESCAPE**
UNIMPEACHABLE source: I have it from an unimpeachable source, *tá sé agam ó bhéal nach bréagach*
UNINTENTIONAL I did it unintentionally, *de mo neamhthoil a rinne mé é*
UNINTERESTING it is most uninteresting, *níl sú ná seamhar ann*
UNITY face: there should be unity in the face of danger, *ní ham faltanais am géibhinn*
UNKIND life: life is unkind to him, *níl an saol ag feitheamh dó*
UNLIKELY he's the most unlikely man to do such a thing, *is é an fear deireanach a dhéanfadh a leithéid*
UNLUCKY place: this place is unlucky, *tá cith/iomard ar an áit seo*
UNMERCIFUL see **BEAT, SCOLDING**
UNMISTAKEABLE see **ASSERT**
UNSCATHED you are unscathed, *tá tú gan fuil gan fordheargadh/níl má gáinne ort*
UNSUITABLE see **HOUR**
UNTHANKED great: great deeds go unthanked, *an té is mó gníomh is lú buíochas*
UNTIDY job: to do an untidy job on something, *eireaball a fhágáil ar rud*
  manner: to do something in an untidy manner, *leathbhreall a chur ar rud*
UNTRUSTWORTHY see **UTTERLY**

UNTURNED stone: to leave no stone unturned, *dóigh agus andóigh a chuardach*

UNWANTED come: to come unwanted, *teacht ar dhroim na gaoithe*

UNWISE see **MAKE (move)**

UNWORTHY name: he is unworthy of the name, *is leis a crochadh an t-ainm*

UP see **DOWN, WORK (ear)**

UPENDED he was upended, *tugadh a thriopall in airde*

UPHILL see **WIND**[1]

UPPER to be on your uppers, *bheith sna miotáin/i do bhuimpéisí*
s.a. **LIP (stiff)**

UPROAR house: they had the house in an uproar, *bhí an teach ina bhruíon chaorthainn/ina bhruíon chanainn acu*
raise: they'll raise an uproar, *tógfaidh siad an gháir dhearg*

UPSIDE see **DOWN**

URGENT see **ATTENTION (need)**

USE expression: don't use those expressions, *ná bí ar na cainteanna sin*
right: those who had the right to use the mountain, *an mhuintir a raibh cur isteach acu ar an sliabh*
sparing: use the money sparingly, *bain siar as/tarraing (go) caol ar an airgead*
up: to use up money, *airgead a bhearnú*
he used up some of the rent money, *bhain sé béim as airgead an chíosa*
word: that word is not used now, *níl an focal sin ag imeacht anois*
s.a. **ADVANTAGE, ARGUMENT (subtle), HAND, MAKE, MEANS, REASON, RUSH**

USEFUL it will come in useful sometime, *fóirfidh sé uair éigin*
s.a. **MAKE**

UTMOST degree: the utmost degree of love, *féige an ghrá*
do: he did his utmost with it, *chuir sé é féin go dtí a sprioc leis/rinne sé a chroídhícheall leis*
try: trying his utmost to do it, *ar a ingne deiridh ag iarraidh é a dhéanamh*
s.a. **EASE**

UTTER see **CONFUSION**

UTTERLY fail: I failed utterly to do it, *chinn sé dubh is dubh/dólámh orm é a dhéanamh*

renounce: to renounce something utterly, *na dromanna dubha a chur le rud*

ruin: he was utterly ruined, *tháinig creach labáin air*

untrustworthy: he is utterly untrustworthy, *tá an feall istigh ann*
s.a. **DISGRACE, EXHAUST**

V

VACANT laugh: vacant laugh, *gáire gan éifeacht*

VACILLATE he is forever vacillating, *ní luaithe anonn ná anall é*

VAIN he is vain by nature, *tá an tsuimiúlacht ann*
boasting: vain boasting, *maíomh na bhfaighneog/na mogall folamh*
wish: now you may wish in vain, *cuir méar i do bhéal anois*

VALUE see **KIND (in), LIFE**

VANISH face: they have vanished off the face of the earth, *d'imigh an t-imleá orthu*

VANITY feed: to feed someone's vanity with lies, *duine a chur i mborr le bréaga*

VEER veering east, *fiar a thabhairt soir*
veering north, *ag féithiú ó thuaidh*
the wind is veering west, *tá caitheamh siar ar an ngaoth*

VEHEMENT see **RUSH**

VENT see **ANGER, FEELING**

VENTURE close: they are venturing too close to the cliffs, *tá siad ag déanamh dánachta ar na beanna*

VERY see **HEART, MAN, NATURE, PERSON**

VIE they were vying with one another, *ní raibh ann ach cé ab fhearr; bhí siad ag féachaint le chéile/ag gearradh na n-áthanna ar a chéile; bhí siad ag baint barr/uaine dá chéile; bhí siad ag seasamh na honóra/ag formad/i bhformad le chéile*
dodge: vying with someone in dodging work, *ag ceartas le duine*

VIEW antipathy: to view something with antipathy, *droch-cheann a thógáil de rud*

eternity: it's worth nothing when viewed in the context of eternity, *ní fiú ní ar bith é in athfhéachaint na beatha thall*

VIGOROUS see **ATTACK**

VIGOUR see **FULL**

VILE see **TEMPER**

VILIFY vilifying someone, *ag caitheamh uisce salach ar dhuine*

VILLAINOUS see **LOOK**

VINDICTIVE he is a vindictive person, *tá déanamh an díoltais ann*

VIOLENT get: it's getting to be a violent night, *tá an oíche ag dul chun doid*
headache: he has a violent headache, *tá an braon nimhe sa cheann aige/tá a cheann ag éirí de*
rage: he'd fly into a violent rage, *shéidfeadh sé fuil shróine*
retch: he was retching violently, *bhí sé ag cur a bholgleanna amach*
s.a. **DRUNK, GIVE (start)**

VISIT nostalgic: a nostalgic visit, *cuairt an lao ar an athbhuaile*
s.a. **GOSSIP (given)**

VOICE charming: she has a charming voice, *chuirfeadh sí na cuacha a chodladh*
one: with one voice, *ó aon ghion*
s.a. **STRONG**

VOMIT see **BOTH, SUFFER**

VOW see **MOON**

W

WAG see **LET, SET (tongue)**

WAIT vb. come: everything comes to him who waits, *tagann gach maith le cairde*
impatient: waiting impatiently for the day, *ag fairís ar an lá*
long: you won't have long to wait for it, *is gairid uait é*
longingly: to wait longingly for something, *fadaíocht a dhéanamh ar rud*
s. **long**: I had a long wait for it, *b'fhada dom ag fionraí air*
s.a. **ANGER (subside), FOOT, LIE[1], MAKE (move)**

WAKE dead: it would wake the dead, *thabharfadh sé ba bhodhra as coillte*

WALK vb. along: I met him as I walked along, *casadh orm ar mo choiscéim é*
crouched: to walk in a crouched posture, *dul ar do chromadh rúta*
s. **life**: in his walk of life, *ina cháilíocht shaolta*

WALL back: with back to the wall, *droim le fraitheacha*
ear: walls have ears, *bíonn cluasa ar na claíocha/ar an gcoill; tá poll ar an teach*
weak: the weak(est) go to the wall, *gach uile dhuine ag luí ar an lagar; an muineál lag in íochtar; an té atá lag is furasta é a leagan*

WANDER about: wandering about the world, *ar fiarlaoid na beatha*
they had me wandering about all night, *thug siad oíche ar guairdeall dom*
alone: to wander off alone in the world, *imeacht le fuacht is le fán*
along: wandering idly along the road, *ag fíbín an bóthar amach*

WANDERER see **HOMELESS**

WANDERING home: they'll come home from their wanderings yet, *tiocfaidh siad chun tíreachais fós*

WANT take: take what you want of it, *bain do shásamh/do tharraingt as*
waste: waste not want not, *ná bí caifeach is ní bheidh tú gann*
s.a. **ARGUMENT, ONLY**

WANTED not: to come when you're not wanted, *teacht in am an doichill*
don't bring your complaints where they're not wanted, *an té nach ngoilleann do chás air ná déan do ghearán leis*
you are intruding where you're not wanted, *tá tú ag brú ar an doicheall/is fada aníos a thug do chosa thú*

WAR see **MAKE**

WARD see **BLOW**

WARM vb. cockle: it would warm the cockles of your heart, *chuirfeadh sé na smóilíní ag sclimpireacht i do chroí*
hide: I'll warm his hide for him, *déanfaidh mise a ghoradh*
to: I never warmed to them, *níor gheal/ghráigh mé riamh leo*
my heart warmed to them, *bhog mo chroí leo*
my heart never warmed to them, *níor théigh mo chroí riamh leo*

a. **clothes**: put on warm clothes, *cuir seascaireacht ort féin*
s.a. **KEEP**
WARN see **CAREFUL**
WARNING see **ACCEPT**, **CLEAR**
WASTE vb. **away**: wasting away, *ag dul chun síogaíochta*
  day: he wasted our day, *chuir sé an lá i bhfaighid orainn*
  talent: don't waste your talents at it, *ná caith do dhintiúir leis*
  tongue: I wasted my tongue on them, *chaith mé mo theanga orthu*
  s. **breath**: it's only a waste of breath, *níl ann ach gairm in aghaidh na gaoithe*
  go: it is gone to waste, *tá sé imithe ar failléan/i vásta*
  s.a. **LAST (resource)**, **TIME**, **WANT**
WATER **clean**: rinse it out twice in clean water, *nigh aníos as dá uisce é*
  s.a. **APPEAR**, **HOLD**, **SETTLE**
WAY **bad**: things are in a bad way with them, *tá an scéal go riabhach acu; tá siad in anaiste/ar bhoicht Dé/ar droch-aiste*
  they'll be left in a bad way, *gabhfaidh drochbhail orthu*
  come: not a penny of it came my way, *níor shiúil pingin de orm*
  crash: they crashed their way into the house, *tháinig siad isteach ar fud cláir is fuinneog*
  edge: to edge your way into a place, *caolú isteach in áit*
  many: there are many ways of doing it, *is iomaí gléas ceoil (a bhíos) ann*
  old: he's reverting to his own old ways, *tá sé ag teacht abhaile ar a dhúchas*
  out: I had no way out of the difficulty, *ní raibh teannadh ar mo chúl ná ar m'aghaidh agam*
  own: to have matters all your own way, *dhá cheann an mhargaidh a bheith agat*
  he has his own way of doing things, *tá a bhealach féin leis/tá a ghéataí féin aige*
  retrace: they retraced their way, *tháinig siad ar ais ar a n-atheolas*
  separate: they went their separate ways, *thug siad a dhá gcúl dá chéile*
  uncertain: I was uncertain which way to take, *tháinig na bealaí crosta orm*
  work: he was working his way along, *bhí sé ag goid an bhealaigh leis*

worm: they wormed their way into the meeting, *shnámh siad isteach chun an chruinnithe*
wrong: to rub someone the wrong way, *duine a chuimilt in aghaidh an fhionnaidh*
the food went down the wrong way (on me), *chuaigh an bia i mo chogansach/le m'anáil*
s.a. **BAR**, **BEHAVE**, **BOTH**, **DEAL**, **EASY**, **FATE**, **FEEL**, **FORCE**, **GET (out)**, **GIVE**, **INTERFERE**, **KEEP (out)**, **KIND**, **KNOW (how)**, **LONG**, **LOOK**, **LOSE**, **ONE**, **PICK**, **PUT**, **TWO**, **YIELD**
WEAK see **SPOT**, **WALL**
WEAKNESS see **NATURE**
WEALTHY he is a wealthy man, *tá brá gill aige*
WEAR s. **hard**: it will stand up to hard wear, *tá cuid a chaite ann*
  vb. **away**: she is wearing away with sorrow, *tá sí á cnaí le buairt*
  down: they are wearing each other down, *tá siad ag tnáitheadh a chéile*
  on: the day is wearing on, *tá an lá barrchaite*
  out: you are wearing me out, *tá mo cheann liath agaibh*
  we have worn out our welcome here, *tá aga na fáilte caite againn anseo*
  shadow: she's worn to a shadow, *níl inti ach scáil i mbuidéal/níl a scáth ar an talamh*
  skeleton: he is worn to a skeleton, *níl ann ach na heasnacha/tá sé ina chual cnámh*
  thread: it is worn to a thread, *níl ann ach snáithín tathaig*
  year: he is wearing his years well, *tá sé ag breith na haimsire leis go maith*
  s.a. **LOOK (worse)**, **NEVER**, **NOTHING**, **SHOW (sign)**
WEATHER see **CHANGE**, **JUDGE**, **PERMIT**, **READ**, **SETTLE**
WEEDS see **WIDOW**
WEEP **earth**: it would make the earth weep, *chorródh sé clocha agus crainn*
  s.a. **PROFUSE**
WEIRD see **FEELING**, **INFLUENCE**
WELCOME **back**: I haven't been away long enough to merit a welcome back, *níl mé aga/dú/fad na fáilte amuigh*
WELL[1] see **ALIVE**, **CARE (for)**, **DESERVE**, **DO**, **EAT**, **EXPECT**, **GET (on)**, **GO**, **JUST**, **KNOW**, **TREAT**

WELL² see **TEAR²**

WELL-BEING see **CONDUCIVE**

WELL-FED see **LOOK**

WET dripping: he was dripping wet, *bhí deoir as gach ribe de*

  soaking: to be soaking wet, *bheith i do líbín báite*

  wringing: it is wringing wet, *tá sé ar fáscadh*

WHAT see **KNOW, MATTER, MATTER (no), STOP**

WHATEVER right: he has no right whatever to say that, *níl sé i ndáil ná i ndúchas aige sin a rá*

  s.a. **NOTHING**

WHERE see **FUN, KNOW, MEET**

WHEREABOUTS see **KNOW**

WHEREVER see **ATTRACT (women)**

WHILE whiling away the time, *ag baint lae as/ag goid do lae as*

  to while away the time, *an aimsir a bhréagadh/a chur faoi bhruth*

WHIM see **TAKE**

WHISPER ear: they were whispering in each other's ears, *bhí siad ag cluasaíocht le chéile*

  slander: whispering slanders about someone, *ag monabhar ar dhuine*

WHITE see **PERSUADE (black)**

WHOLE see **LOT**

WHOLESALE spend: spending money wholesale, *ag caitheamh airgid dólámh*

WICKED see **CHARACTER, SUFFER (innocent), TEMPER**

WIDE shot: the shot went wide, *chuaigh an t-urchar folamh*

  s.a. **MARK, OPEN, SPREAD (far)**

WIDEN eye: his eyes widened, *tháinig dhá shúil mhóra dó*

WIDOW weeds: she has cast off her widow's weeds, *tá aigne baintrí aici*

WIFE see **GET, TALE**

WIG see **GREEN**

WILD drive: to drive someone wild, *duine a chur ar dásacht*

  go: to go wild, *dul le dúchas*

  night: this will be a wild night, *déanfaidh an oíche anocht torann*

  run: to run wild, *dul i bhfia agus i bhfiántas*

  running wildly about, *ar fianscar*

  s.a. **OATS (sow), RUMOUR**

WILE see **CATCH, FULL**

WILL against: against my will, *ar mo neamhthoil*

  ill: gathering ill will, *ag cnuasach drochaigne*

  s.a. **IMPOSE, TAKE**

WILLINGLY he helped me most willingly, *thug sé cúnamh an dá lámh dom*

WIN see **ATTEMPT**

WIND¹ up: it's time for us to wind up (and go), *tá sé in am dúinn bheith ag glinneáil suas*

  uphill: that road winds uphill, *tá snáithe cnoic sa bhóthar sin*

WIND² fast: faster than the wind, *ag breith aga ar an ngaoth*

  s.a. **BREAK, GET, KNOCK, SHIELD, VEER**

WINDMILL see **TILT**

WING see **LEND, LET (out)**

WIPE eye: he wiped my eye, *chuimil sé ceirt/sop na geire díom; chuir sé mo shúil amach*

  out: they were wiped out of existence, *cuireadh de dhroim an tsaoil iad*

WISH vb. dead: they'd make you wish you were dead, *bheifeá tuirseach de do shaol acu*

  exactly: everything exactly as you would wish, *gach ní mar a d'iarrfadh do bhéal (é) a bheith*

  good: if you wished to do what was good for you, *dá mbeadh bara do leasa fút*

  joy: I wish them joy, *is maith liom go maith iad*

  luck: he wished me luck with the new car, *mhair sé an carr nua dom*

  not: I wouldn't wish it for anything, *ní cheadóinn/níor cheadaithe liom ar rud ar bith é*

  position: I wish you were in my position, *trua gan tusa i m'inmhe*

  s. **evil**: may your evil wishes recoil on you, *oidhe do bhéil féin ort*

  s.a. **ACCEPT, DEAR, INTERRUPT, VAIN**

WIT keep: keep your wits about you while you're doing it, *ná bí maol ina bhun*

  s.a. **RECOVER**

WITHERING see **LOOK**

WITHHOLD drink: withholding of drink from someone, *ceilt dí ar dhuine*

WITHIN ace: he went within an ace of it, *chuaigh sé faoi pholl cnaipe de/faoi aon de*

province: if it were within my province, *dá mbeadh sé ar mo chur isteach*

reach: we are within reach of the goal, *táimid ag béal an bháire*

surge: it surged up within him, *tháinig sé ina rabharta air*

without: within or without, *i maigh nó i múr*

s.a. ONE (trick), REASON

WITHOUT see WITHIN

WOE see STATE

WOMAN see ATTRACT

WONDER it's a wonder he wasn't killed, *ba mhór an obair nár maraíodh é*

it's a wonder I wasn't knocked down, *is láidir nár leagadh mé*

it's a wonder you wouldn't put coal on the fire! *nach iomaí do leithéid a chuirfeadh gual ar an tine!*

do: he thinks he has done wonders, *síleann sé féin go bhfuil tréithe déanta aige*

nine-day: it was a nine-day wonder, *bhí comhrá naoi lá air*

no: it's no wonder you're satisfied with them, *is beag an dochar duit a bheith sásta leo*

work: he'll work wonders with his tongue, *déanfaidh sé an diabhal is a mháthair/an diabhal i bpocán*

he can work wonders, *chuirfeadh sé an cnoc thall ar an gcnoc abhus; chuirfeadh sé cosa crainn faoi na cearca; dhéanfadh sé forba/cat agus dhá eireaball air/Éire agus Eoghanacht*

s.a. MAKE

WONDERFUL **concourse**: there was a wonderful concourse of people there, *is mór an scannal Dé a raibh de dhaoine ann*

just: it's just wonderful to see you again, *is é an eorna nua sibh a fheiceáil arís*

news: that would be wonderful news, *ba mhaith an fear scéil thú*

WONT see GO

WORD **bind**: to bind someone to his word, *daingean a nascadh ar dhuine*

honour: on your word of honour, *ar fhíor d'oinigh*

pledge: to pledge your word for something, *d'fhíor a thabhairt le rud*

say: don't say a word about it, *ná hinis don talamh é*

he never said a word, *níor tháinig drud ná drandal as*

he never has a good word to say, *níor chuala mé an dea-scéal riamh aige*

s.a. ACTION, BATTLE, BELIEVE, BREATHE, BUTTER, EMPTY, FORGET, GOOD, KEEP, LAST, LEAD[1], MARK, SPEAK, SWALLOW, USE

WORK vb. **away**: they were working away, *bhí siad ag breacadh/stróiceadh leo*

bone: he worked himself to the bone for it, *bhain sé as a chnámha é*

day: he never did a day's work, *níor chuir sé cor crua dá chnámha riamh*

we have done a fair day's work, *táimid i gcuid chothrom leis an lá*

ear: he is up to his ears in work, *tá na seacht sraith ar an iomaire aige*

idle: one man working and one man idle, *duine ag obair agus duine ina chónaí*

no more: there'll be no more work done today, *tá an lá inniu buailte*

out: leave it to themselves to work it out, *fágaimis cíoradh an scéil fúthu féin*

play: work comes before play, *ní théann na paidreacha agus na headraí le chéile*

s.a. ABLE, ACCOUNT, AIMLESS, BEND (over), DOWN (get), EAT, EQUAL, FALL (behind), FRENZY, GET (on), HARD, KEEP (up), LIGHT[1], LIVING, MAD, MARK, MIND, PACE, POSITION, REST, SHARE, SLIPSHOD, SPEED, STRAIN, TAP, WAY, WONDER

WORKED-UP he was getting worked up, *bhí sé á ghriogadh féin chun feirge*

WORKING see ORDER

WORKMANLIKE he gave himself a workmanlike appearance, *chuir sé fionnadh/fíor/cló na hoibre air féin*

WORLD **small**: it's a small world, *castar na daoine ar a chéile (ach ní chastar na cnoic ná na sléibhte)*

top: he is on top of the world, *tá sé ar rothaí an tsaoil/tá an saol ar rothaí aige/is leis an saol*

s.a. **AFFAIR (handle)**, **ALONE**,
ANYTHING, **BOTH**, **CARE**, **COME
(down)**, **DEAD**, **FUNNY**, **GET (on)**,
KNOW (how), **THINK**, **WANDER
(alone)**

WORLDLY he is a very worldly man, *tá
sceimhle chun an tsaoil air*
s.a. **MIND (set)**

WORM see **WAY**

WORN see **THIN (get)**

WORRY see **GIVE**, **LIFE**

WORSE see **ALTERNATIVE**, **BAD**,
GROW, **LOOK**, **TAKE (turn)**

WORST see **BARGAIN**, **BEST**, **GET**,
REMARK, **TAKE**

WORTH see **BEAT**, **BOTHER**, **KEEP**,
LIFE, **NOTHING**

WORTHLESS pity: worthless pity, *trua
gan tarrtháil*
s.a. **REJECT**

WORTHY see **LITTLE**

WOUND most: he who can wound the
most, *an té is treise ar leadarthaí*

WRANGLE inheritance: wrangling
about the inheritance, *ag iomrascáil
faoin oidhreacht*
land: wrangling about land, *ag pléadáil
faoi thalamh*

WRAP: she is completely wrapped up him,
*tá a croí sáite ann/tá a croí agus a
hanam istigh ann*
s.a. **TAKE (away)**

WRATH see **SAVE**

WRING feeling: it would wring all feeling
from your heart, *dhúnfadh sé do chroí*
neck: I could wring his neck,
*gheobhainn an muineál a chasadh
aige*

WRINGING see **WET**

WRONG all: you've got it all wrong, *níl
sé thall ná abhus agat*
he has got the story all wrong, *tá cúl a
chinn leis an scéal*
catch: he was caught in the wrong,
rugadh amuigh air
ear: what's wrong with your ears? *cá
bhfuil do chluasa?*
opinion: you're wrong in your opinion,
tá meath do bharúla ort
right: I was as much in the right as in
the wrong, *bhí me chomh ceart is a
bhí mé cam*
s.a. **FOOT**, **GET (idea)**, **KNOW (how)**,
NOTHING, **SIDE**, **SURE**, **TRACK**,
WAY

WRY mouth: to make a wry mouth at
something, *meill a chur ort féin le rud*

Y

YARD see **STICK (tongue)**

YARN see **SPIN**

YEAR see **ADVANCE**, **ENJOY**, **FORGET**,
GET (on), **RUIN**, **WEAR**

YESTERDAY see **ONLY**

YET see **BURY**

YIELD inch: I wouldn't yield an inch to
him, *ní fheacfainn troigh ar ais dó*
man: I would yield to no man among
them, *ní thabharfainn an fear maith
d'aon duine acu*
way: to yield the way to someone, *an
bealach a sheachaint do dhuine*

YOUNG see **INSENSITIVE**

YOUNGSTER see **GROW**

YOUTH see **FLING**